माँ हीराबेन और नरेन्द्र

स्वर्गीय माँ को समर्पित

माँ हीराबेन और नरेन्द्र

माँ-बेटे की अनकही कहानी

अरविंद चतुर्वेदी

BLOOMSBURY
NEW DELHI • LONDON • OXFORD • NEW YORK • SYDNEY

BLOOMSBURY INDIA
Bloomsbury Publishing India Pvt. Ltd
Second Floor, LSC Building No. 4, DDA Complex, Pocket C – 6 & 7,
Vasant Kunj, New Delhi, 110070

BLOOMSBURY, BLOOMSBURY INDIA and the Diana logo
are trademarks of Bloomsbury Publishing Plc

First published in India 2024
This edition published 2024

Photos Source: Arvind Chaturvedi and https://www.pmindia.gov.in/en/image-gallery/

ISBN: PB: 978-93-61318-15-3
2 4 6 8 10 9 7 5 3 1

Typeset in Tiro Devanagari Hindi by Manipal Technologies Limited
Printed and bound in India by Thomson Press India Ltd

अनुक्रमणिका

माँ और मोदी: प्रस्तावना

माँ हीरा बा और मोदी जी पर लिखने का निर्णय मैंने तब लिया जब मैं प्रधानमंत्री जी से मिलकर निकल रहा था। मेरे मन में बहुत से प्रश्न थे लेकिन किसी भी प्रश्न का उत्तर नहीं था। 'नरेन्द्र मोदी के परिवार से कोई भी राजनीति में नहीं था तो आखिर मोदी इतने बड़े राजनेता कैसे बने होंगे?', बार-बार यह प्रश्न मेरे मन में उठ रहा था। नरेन्द्र मोदी के परिवार का जीवन सरल नहीं था। मैंने नरेन्द्र मोदी के गृह नगर वड़नगर में कई दिन बिताए। वहाँ नरेन्द्र भाई के कई मित्रों, रिश्तेदारों, पड़ोसियों, अध्यापकों व उनके पिता के मित्रों से मिलकर उनसे अनेक बातें की। उन सबसे यही निष्कर्ष निकलता है कि मोदी परिवार हमेशा से संयुक्त रहा। कठिन दिनों में भी परिवार ने आपसी सम्मान में कभी समझौता नहीं किया। समय के साथ उन्होंने अपने आप को बदला व जीवन यापन के लिए हाथ-पैर चलाते रहे। उदाहरण के तौर पर नरेन्द्र के पिता श्री दामोदरदास मोदी ने दो-तीन तरह के व्यवसाय में अपने हाथ आज़माएँ। पहले उन्होंने नमक की चक्की चलाकर नमक पीसने का व्यवसाय किया, जो कुछ समय पश्चात घाटे के कारण बन्द करना पड़ा।

फिर उन्होंने पशुओं को खाने के लिए उपयोग में आने वाले चारे का भी व्यवसाय किया लेकिन वह भी नहीं चला। इसके बाद उन्होंने चाय की दुकान खोल ली, जिससे किसी तरह परिवार की रोजी-रोटी चल पाती थी। उन दिनों वड़नगर में रोजगार के ऐसे साधनों के न होने से जीवन बहुत कठिन हो जाता था।

मोदी जी से मेरी मुलाक़ात लगभग पन्द्रह-बीस मिनट की हुई होगी, जब मैंने उनसे अपनी नई पुस्तक "मोदी का बनारस" को लेकर चर्चा की। यह पुस्तक नरेन्द्र मोदी के गुजरात से बनारस तक की यात्रा, बदलते बनारस के लिए किए गए नेतृत्व व फ़ैसलों की कहानी बयां करती है। फिर प्रधानमंत्री पर लिखी मेरी पहली पुस्तक "द रियल मोदी" को लेकर बातचीत होने लगी। मैंने प्रधानमंत्री जी से कहा कि नेतृत्व की क्षमता तो आप में बचपन से ही थी। तब उन्होंने मुझे अपनी बी. एन. हाई स्कूल में चन्दा इकट्ठा करके दीवार बनाने की बात बताई, कि कैसे और किन कठिन परिस्थितियों में अपनी प्रतिभा से लोगों को साथ लेकर चलने की क्षमता के कारण उन्होंने बहुत कम उम्र में ही इतना बड़ा काम कर दिखाया, जो बड़े-बड़े सोच भी नहीं पाते। इस दौरान मैंने यह भी गौर किया कि नरेन्द्र मोदी कितनी नपी-तुली बातचीत करते हैं। हर दिन, हर पल कुछ नया करना उन्हें अच्छा लगता है और सबसे खास बात यह कि उनकी सुनने की क्षमता अद्भुत है। वह हर किसी को सुनना पसन्द करते हैं, वे हर किसी से कुछ सीखना चाहते हैं। क्या पता कब किससे कुछ सीखने को मिल जाए।

वहाँ से निकलते समय मैं इस सोच में पड़ गया कि कैसे और किसने नरेन्द्र दामोदरदास मोदी को ऐसा गढ़ा होगा कि इतना कठिन जीवन होने के बाद भी उनमें इतना अनुशासन है। यह सब एक दिन में संभव नहीं। डैरेन हार्डी अपनी पुस्तक

'द कम्पाउंड इफ़ेक्ट' में कहते हैं कि धैर्यपूर्वक, निरंतरता के साथ सही दिशा में उठाया हर कदम सफलता की ओर ले जाता है। फिर मुझे माँ हीराबेन का ख्याल आया। वह माँ ही तो है जिससे बच्चा सब कुछ सीखता है। धरती पर जब शिशु जन्म लेता है तो सबसे पहले वह अपनी माँ को ही देखता है, उसी से कुछ माँगता है और उसी के पास जाने के लिए रोता है। माँ ही शिशु को सब कुछ सिखाती-बताती है। बच्चे के गीले बिस्तर पर उसके साथ सोती है और गीलेपन का एहसास बच्चे को नहीं होनी देती। नरेन्द्र भाई की माँ हीराबेन भी कुछ ऐसी ही थी। वैसे तो हर माँ अपने बेटे को अपनी जान से ज़्यादा प्यार करती है, लेकिन माँ हीराबेन और नरेन्द्र मोदी के माँ-बेटे का जुड़ाव अनूठा था। यहाँ पर विवेकानंद की यह बात स्मरण होती है, "मृत अतीत को दफ़ना दो, अनंत भविष्य तुम्हारे सामने है।" याद रखें कि प्रत्येक शब्द, विचार और कर्म तुम्हारे भाग्य का निर्माण करता है। तभी तो कहा जाता है कि मनुष्य कोरे काग़ज़ की तरह पैदा होता है, जिस पर कोई लिखावट नहीं होती है। उस पर जो लिखा जाता है वह उसका भाग्य और लिखने वाला उसके भाग्य का निर्माता बन जाता है। नरेन्द्र भाई दामोदरदास मोदी पर उनकी माँ के प्रभाव को देखकर मैं कह सकता हूँ कि मोदी के भाग्य की निर्माता माँ हीराबेन है।

आभार

अभाव की हर कथा से ऊपर होती है, एक माँ की गौरव गाथा और संघर्ष के हर क्षण से ऊपर होता है, एक माँ का आत्मबल। विवेकानन्द जी कहते हैं, 'हमारे हृदय का प्रत्येक स्पन्दन हमें स्वार्थी होने का आदेश देता है लेकिन दूसरी ओर पराशक्ति कहती है कि एकमात्र निस्वार्थता ही शुभ का साधन है।' जीवन में घटने वाली प्रत्येक घटना पर हमारा जोर नहीं है, किन्तु हम अपने दृष्टिकोण को अवश्य बदल सकते हैं। तनाव होना सामान्य बात है लेकिन उस तनाव का बोझ ढोते रहना केवल इसलिए क्योंकि हम सच से दूर भागते हैं, ठीक नहीं। माँ हीराबेन ने नरेन्द्र मोदी को सच के साथ जीना सिखाया। माँ गुणों की खान होती है। इतने गुण तो शायद किसी मनुष्य या देव में भी नहीं होते, जितनी विशेषताएँ माँ में होती हैं। वह माँ ही तो है जो हमें हमारे गुण और दोषों का बोध कराती है, हमें समय-समय पर अच्छे-बुरे की समझ देती है, डाँटती है, जरूरत पड़ने पर मारती भी है और कभी बुरे रास्ते पर नहीं चलने देती। माँ के दिए इस बोध से ही आदतें बनती हैं, आदतों से चरित्र बनता और चरित्र से भाग्य का निर्माण होता है। विचार और

कर्मजन्य संस्कार मिलकर आदत का विकास करते हैं। आदतों के संगठन से चरित्र का विकास होता है। वही आपको जीवन में सही पथ पर चलने की राह दिखाता है। नरेन्द्र मोदी के जीवन में भी राह दिखाने वाली उनकी माँ ही थी। वह नहीं रहीं किन्तु उनकी दी हुई शिक्षा नरेन्द्र के साथ है।

प्रधानमंत्री जी को मेरा बहुत-बहुत आभार कि उनकी लिखी हर पुस्तक में माँ का किरदार है, माँ की प्रेरणा है, बस समझने की देर है। उन किताबों को मैंने कई बार पढ़ा है और इस पुस्तक में बहुत सी कहानियाँ वहीं से हैं। इस पुस्तक लेखन के दौरान मैं प्रधानमंत्री जी के ओएसडी (C&IT) हीरेन भाई जोशी से लगातार सम्पर्क में रहा। उनके सुझाव मेरे लिए बहुत महत्वपूर्ण थे। मैं जानता था कि वे बहुत व्यस्त हैं फिर भी उन्होंने हमेशा मेरे भेजे प्रश्नों का उत्तर दिया। हीरेन भाई को मेरा सहृदय धन्यवाद।

मेरी पत्नी प्रीति बच्चों की पढ़ाई के लिए आजकल लखनऊ में रहती है और मैं अधिकतर दिल्ली में रहता हूँ। जब कभी हमारी फ़ोन पर बात होती है तो मैं कहता हूँ कि अब फ़ोन रखें, मैं किताब लिख रहा हूँ। प्रीति कहती, 'उसमें यह लिखना मत भूलियेगा कि इस किताब को लिखने में मैंने कितने अनमोल पल दिए।' कहते हैं न कि ज़िन्दगी में सब कुछ आप तय नहीं करते। कुछ आपकी मेहनत तय करती है और कुछ आपकी नियति। देखते हैं अब नियति कहाँ ले जाती है। प्रीति के सहयोग के लिए मैं उसका आभारी हूँ।

मेरी बड़ी बेटी दिव्याशी जो आजकल दिल्ली में रहकर पढ़ाई कर रही है, उसने हमेशा मेरा उत्साह बढ़ाया। जब भी मैं ऑफिस से लौट कर आता तो वह पूछती, 'आज आपको

अपनी बुक नहीं लिखनी।' उसके इस निरंतर कौतुहल ने मुझे बहुत ऊर्जा दी। छोटी बेटी अदिति ने लेखन से जुड़े बहुत से सुझाव दिए। मैं आभारी हूँ बेटे अथर्व का जिसका बहुत सारा समय मैंने इस पुस्तक को दिया है। पिता जी को धन्यवाद देने के लिए मेरे पास शब्द ही नहीं हैं। आज वे लगभग 77 साल के हो गए हैं, फिर भी उन्हें अपने बेटों से सेवा नहीं लेना चाहते हैं। आज भी वे बनारस में रहकर स्वयं अपना काम करना पसन्द करते हैं। वे किसी पर बोझ बनकर नहीं रहना चाहते। भईया जिन्होंने कभी मुझसे कुछ नहीं माँगा हमेशा दिया ही है, उनका साधुवाद हमेशा मुझे प्रेरणा देता है। भाभी, जिन्होंने माँ के जाने के बाद बनारस के घर में कभी किसी चीज का अभाव होने नहीं दिया।

शशिकांत त्रिपाठी जी और शशिकला त्रिपाठी जी को मेरा सहृदय धन्यवाद। जिस सरल और सहज भाव से वे हमेशा पूछते रहते थे कि पुस्तक कहाँ तक पहुँची, उससे मुझे हमेशा प्रेरणा मिली है। यहाँ पर मैं चन्द्रावती मिश्रा जी को भी धन्यवाद देना चाहता हूँ। इस पुस्तक के लेखन में वह भी मेरी प्रेरणा रही हैं। इसी के साथ चैनल के मालिक और राज्य सभा सांसद कार्तिकेय शर्मा और ऐश्वर्या पंडित शर्मा को भी धन्यवाद देता हूँ कि हमेशा मेरे कहे को सुना और जो कर सकते थे वह किया। भारतीय जनता पार्टी के राष्ट्रीय महासचिव सुनील बंसल जी का हृदय से धन्यवाद करता हूँ, जब भी मैं किसी उलझन में होता हूँ तो वे मुझे रास्ता दिखाते हैं। महेन्द्र रंगा सर का आभार जो आजकल राजस्थान में भारत सरकार को सेवा दे रहे हैं, हर दो-चार दिन में मेरा हाल-चाल लेना नहीं भूलते हैं। मैं अपने बड़े भाई मनोज सिंह, जो आजकल यूपी में वन विभाग के प्रमुख

सचिव के पद पर आसीन है। हमेशा की तरह उन्होंने मेरा उत्साह बढ़ाया। मैं आभारी हूँ मेरे बड़े भाई और सुख-दुख के साथी समीर त्रिपाठी जी का जो कठिन परिस्थितियों में हमेशा मेरे साथ खड़े रहे। विनय श्रीवास्तव जी ने भी हर अवसर पर मेरा साथ निभाया और उत्साह बढ़ाया। ब्लूम्सबरी के नितिन वलेचा का भी धन्यवाद करना चाहता हूँ जिन्होंने हर दिन पूछ कर इतनी बड़ी रचना को पूरा करवा लिया। इस पुस्तक का संपादन करने के लिए प्रज्ञा जी का भी हृदय से धन्यवाद करता हूँ। अन्त में एक और व्यक्ति को धन्यवाद करना चाहता हूँ जिनके पास मुझे देने के लिए ढेरों विचार होते हैं आप उनसे किसी भी विषय पर बात कर लें। वे हैं, वेद प्रकाश जी, जो रेल मंत्रालय में रेल मंत्री के ओएसडी के पद पर कार्यरत हैं।

अंत में मैं यही कहूँगा कि इस धरती पर माँ अपने बच्चों के लिए जादूगर होती है, जो बेटे या बेटी की हर इच्छा को पल भर में पूरी कर देना चाहती है। माँ तो एक अजूबा है, एक पहेली है। आप उसे कभी समझ ही नहीं सकते। वह हर दिन, हर पल बस अपने बेटे-बेटी के लिए ही जीती है। इसलिए तो माँ महान होती है। कोई माँ का क़र्ज़ कभी नहीं चुका सकता।

1
माँ का जाना

महात्मा गाँधी ने भागवत गीता के बारे में कहा है, 'जब निराशा मेरे सामने आ खड़ी होती है और जब बिलकुल एकाकी प्रकाश की कोई किरण नहीं दिखाई पड़ती, तब मैं गीता की शरण लेता हूँ। जहाँ-तहाँ कोई न कोई श्लोक मुझे ऐसा दिखाई पड़ जाता है कि मैं विषम परिस्थितियों में भी मुस्कुराने लगता हूँ।'

भोर के साढ़े तीन बजे माँ हीराबेन ने इस दुनिया को अलविदा कह दिया। जीवनभर संघर्ष और तप करके परिवार को एक करके चलाने वाली, कठिनाइयों के बीच रहकर बच्चों को संस्कार देने वाली माँ बिना बताए चली गई। दुनिया के सबसे शक्तिशाली लोगों में से एक नरेन्द्र दामोदरदास मोदी स्तब्ध थे। वह माँ जो नरेन्द्र के मन की तकलीफ़ को महसूस करके सिर पर हाथ रख देती थी, वह माँ जो बेटे के लिए हमेशा सहारा बन जाती थी, वह माँ बस यूँ ही चली गई। देश को सहारा देने वाली लाखों माँओ को कोरोना के दौरान मौत के मुँह से निकाल कर लाने वाले मोदी हतप्रभ थे।

31 दिसम्बर 2022 का वह दिन जब माँ ने किसी की कोई सेवा नहीं ली, बस ऐसे ही दुनिया को अलविदा कह गई।

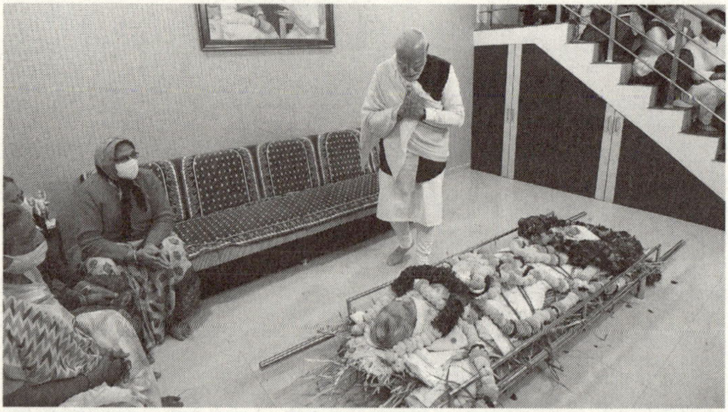

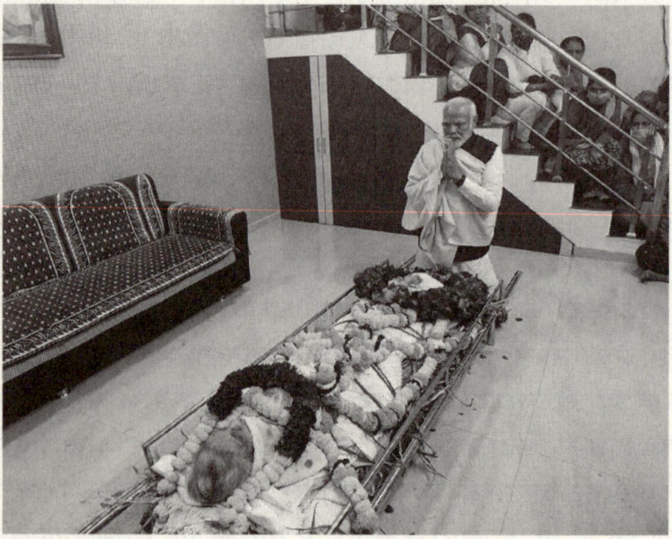

माँ का जाना

माँ कहती थी कि वह बस यूँ ही चलते-चलते चली जाएँगी। सच में हमेशा अपने कहे वायदे निभाने वाली माँ जाते-जाते भी वादा निभा गई। न कोई सेवा ली और न कोई कष्ट दिया। कर्तव्य पथ पर रात-दिन स्वयं को खपाने वाले नरेन्द्र मोदी यह सब कुछ एकटक निहारते रह गए। उनको शायद ही इस पर विश्वास हुआ होगा कि जन्म देने वाली, जीवन दायनी माँ, अपने हाथों बेटे को रोटी खिला कर खुश होने वाली माँ, अपने

जुटाए पैसे बेटे की जेब में डालने वाली माँ, अपने हाथों से बेटे का मुँह पोंछने वाली माँ अब इस दुनिया में नहीं रही। जब कभी मन उदास या निराश होता तो नरेन्द्र माँ के पास चले जाते थे। नरेन्द्र मोदी को जब कुछ पूछना भी होता तो अहमदाबाद की राह पकड़ लेते थे। परन्तु ये क्या, अभी तो 28 दिसम्बर को ही अस्पताल प्रशासन ने एक बुलेटिन जारी करके नरेन्द्र भाई को यह बताया था कि अब माँ की हालत स्थिर है, सब ठीक हो जाएगा। हीराबेन को हाई ब्लड प्रेशर होने के कारण अस्पताल में भर्ती कराया गया था। उनकी ब्लड रिपोर्ट, 2 डी, इको, सीटी स्कैन किया गया। सभी रिपोर्ट सामान्य थीं। डॉक्टरों ने इसे उम्र सम्बन्धित समस्या बताई। सब ठीक था, लेकिन कहते हैं न होनी को भला कौन टाल सकता है। जब हीराबेन को अस्पताल में भर्ती करवाया गया था तो पंकज मोदी भी अहमदाबाद में नहीं थे, वह भी परिवार के साथ कर्नाटक की यात्रा पर थे जहाँ उनका छोटा सा एक्सीडेंट भी हो गया था। हाल में ही गुजरात विधानसभा चुनाव की जीत के बाद पीएम मोदी माँ से मिलकर आए थे, यह मुलाक़ात लगभग 45 मिनट की थी। माँ के निन्यानवे जन्मदिन पर भी नरेन्द्र मोदी माँ से मिलकर आए थे। अब माँ नहीं है जीवन का पाठ पढ़ाने वाली, सच को सच कहने की हिम्मत देने वाली माँ बेटे को छोड़कर चली गई।

जब हीराबेन को अस्पताल में भर्ती किया गया था तब पूरे विश्व और भारत देश के अलग-अलग हिस्सों में पूजा-अर्चना की जा रही थी। लोग माँ हीराबेन के ठीक हो जाने के लिए प्रधानमंत्री, बेटे नरेन्द्र मोदी को संदेश भेज रहे थे। वरिष्ठ कांग्रेसी नेता राहुल गांधी ने अपने संदेश में लिखा था, 'एक माँ और बेटे के बीच का प्यार अनन्त और अनमोल होता है। मोदी जी इस कठिन समय में मेरा प्यार और समर्थन आप के साथ है,

मैं कामना करता हूँ कि आपकी माता जी जल्दी स्वस्थ हो जाएँ।' कांग्रेस अध्यक्ष मल्लिकार्जुन खड़गे ने कहा, 'हम प्रधानमंत्री नरेन्द्र मोदी जी की माँ के अच्छे स्वास्थ्य के लिए कामना करते हैं। आशा है कि वे जल्द स्वस्थ होंगी।' समाजवादी पार्टी के राष्ट्रीय अध्यक्ष अखिलेश यादव ने कहा 'मैं हीराबेन के शीघ्र स्वास्थ्य लाभ की कामना करता हूँ।' बहुजन समाज पार्टी की राष्ट्रीय अध्यक्ष मायावती ने भी हीराबेन के शीघ्र स्वस्थ होने और उनकी अच्छी सेहत के लिए कामना की। प्रधानमंत्री नरेन्द्र मोदी के संसदीय क्षेत्र बनारस में महामृत्युंजय का निरंतर जाप किया जा रहा था। देश और दुनिया में सभी धर्म व समुदाय के लोग माँ को बचाने के लिए प्रार्थना करते रहे थे किन्तु माँ तो ठान ही चुकी थी कि अब उन्हें पूर्ण विराम पर जाना है। बिना किसी से कुछ कहे, बिना किसी को कुछ बताए माँ चली गई। उनकी अनेकों यादें, उनकी दी गई सीख, उनकी बताई गई बातें सब पीछे रह गईं। माँ हीराबेन एक प्राण शक्ति थी, एक ऐसा सूत्र जो सबको बाँध कर रखती थी।

माँ के जाने के बाद नरेन्द्र मोदी के साथ ही पूरी दुनिया शोक मना रही थी हर कोई दुखी और स्तब्ध था किसी को विश्वास नहीं हो रहा था कि हीराबेन नहीं रही। दुनिया भर से बेटे और भारत के प्रधानमंत्री नरेन्द्र मोदी को लोग शोक संदेश भेजे जा रहे थे। इज़राइल के प्रधानमंत्री बेंजामिन नेतन्याहू ने प्रधानमंत्री नरेन्द्र मोदी को भेजे अपने शोक संदेश में कहा, “मेरे प्रिय मित्र भारत के प्रधानमंत्री नरेन्द्र मोदी, आपकी प्यारी माँ के निधन पर मेरी संवेदना स्वीकार करें।” जापान के प्रधानमंत्री फुमियो किशिदा ने कहा कि “मैं आपकी प्यारी माँ के निधन पर गहरी संवेदना प्रकट करता हूँ। उनकी आत्मा को शांति मिले।” श्रीलंका के राष्ट्रपति रानिल विक्रमसिंघे ने अपना दुख व्यक्त करते हुए प्रधानमंत्री

नरेन्द्र मोदी को भेजे अपने संदेश में कहा कि “मोदी की माँ के निधन से दुख हुआ, मोदी और उनके परिवार के प्रति गहरी संवेदना है।” देश की राष्ट्रपति द्रोपदी मुर्मू ने अपने शोक संदेश में कहा कि “पीएम मोदी की माँ हीरा बा का सम्पूर्ण जीवन भारतीय आदर्शों का प्रतीक है। परिवार के प्रति संवेदनाएँ।” कांग्रेस के नेता राहुल गांधी ने भी हीराबेन के निधन पर दुख व्यक्त करते हुए कहा, “प्रधानमंत्री नरेन्द्र मोदी की माँ के निधन का समाचार बेहद दुखद है। इस मुश्किल समय में गहरी संवेदना व्यक्त करता हूँ।” देश के रक्षा मंत्री राजनाथ सिंह ने हीराबेन के निधन पर अपना दुख व्यक्त करते हुए कहा कि “माँ का निधन जीवन में ऐसा शून्य पैदा कर देता है कि उसे भरना असंभव है। मैं अपनी संवेदनाएँ प्रकट करता हूँ।” देश के गृहमंत्री अमित शाह ने भेजे अपने संदेश में हीरा बा के लिए कहा “हीरा बा ने जिन संघर्षों का सामना किया वह सभी के लिए आदर्श है उनका तपस्वी का जीवन स्मृतियों में रहेगा।” भारतीय जनता पार्टी के राष्ट्रीय अध्यक्ष जे पी नड्डा ने हीरा बा के लिए लिखे संदेश में कहा कि “हीरा बा का जीवन सदैव प्रेरणा है जिनके वात्सल्य और सत्यनिष्ठा से देश को यशस्वी नेतृत्व मिला।”

देश और दुनिया में भी हर कोई अपने-अपने तरीक़े से माँ को श्रद्धांजलि दे रहा था। कोई तस्वीर पर फूल चढ़ा के अपना दुख व्यक्त कर रहा था तो कोई समुद्र के किनारे रेत पर माँ की तस्वीर को उकेर कर अपना शोक व्यक्त कर रहा था। देश के कई हिस्सों में माँ के निधन पर हज़ारों लोगों ने उपवास रखा होगा। आख़िर ऐसा होता भी क्यों नहीं, क्योंकि ये वह माँ नहीं थी जो बेटे के जीवन से कुछ ले। बेटा मुख्यमंत्री था तब भी माँ ने बेटे के मुख्यमंत्री आवास में रहना गवारा नहीं किया। बेटा जब प्रधानमंत्री बना तब भी माँ को बेटे के सरकारी आवास से कोई

मोह नहीं था। हाँ, बेटे के प्रेम में भले ही दो-चार दिन वहाँ पर ज़रूर रही होगी। देश के किसी भी कोने में माँ ने प्रधानमंत्री बेटे की सुविधाओं का कोई लाभ लिया ही नहीं तभी तो इस माँ के लिए लोग रो रहे थे। ये वे लोग थे जो कभी इस माँ से मिले भी नहीं थे, किंतु उनके संघर्ष और तपस्या की कहानियाँ बेटे नरेन्द्र मोदी से न जाने कितनी बार सुनी थी। इन लोगों ने स्वयं देखा था कि ये वह माँ है जो कभी बेटे को मिली सरकारी गाड़ी पर नहीं बैठी थी, ये वह माँ है जिसने कभी बेटे के पैसे का इस्तेमाल नहीं किया बल्कि अपने आर्शीवाद के रूप में बेटे की जेब में पैसे ज़रूर डाल दिए। इन लोगों ने उस माँ का समर्पण देखा था।

मुझे नरेन्द्र मोदी के मित्र डॉ आर. के. शाह की कही एक घटना याद आ गई। अपनी पहली पुस्तक "द रियल मोदी" लिखते समय मैं गुजरात के अहमदाबाद में रहने वाले डॉ आर. के. शाह से मिलने गया था। वे मोदी जी के बेहद करीबी लोगों में गिने जाते हैं। तब माँ हीराबेन के बीमार होने की एक घटना का ज़िक्र किया था। यह उस समय की बात है जब नरेन्द्र भाई अहमदाबाद के प्रांतीय संघ कार्यालय में रहा करते थे। एकाएक नरेन्द्र भाई को माँ के बीमार होने की ख़बर मिली। डॉ आर. के. शाह ने बताया, 'उस समय मेरे पास फ़िएट गाड़ी हुआ करती थी। हम और नरेन्द्र भाई तुरन्त माँ के पास जाने के लिए निकल पड़े। गाड़ी नरेन्द्र भाई ही चला रहे थे। हमने माँ को सही समय पर अस्पताल पहुँचा दिया। माँ ठीक हो गई। ऐसा था माँ-बेटे का प्रेम, पानी की तरह निर्मल व अविरल। एन.डी. को नरेन्द्र बनाने वाली माँ अब नहीं रही।

मुझे वह दिन याद है जब प्रधानमंत्री नरेन्द्र मोदी अमेरिका की यात्रा पर गए थे। मैं अहमदाबाद में था, मेरी फ़ोन पर

पंकज मोदी से बात हुई और मैं हीरा बा और पंकज मोदी के परिवार से मिलने के लिए दिल्ली से निकल पड़ा। मैं कई दिनों के लिए गुजरात जा रहा था, इसके मद्देनज़र मैंने यह निर्णय लिया था कि मैंने अपने साथ सारा खाना बनाने का सामान रख लिया था। रास्ते में खाने के लिए कुछ ख़रीद लिया जिससे रास्ता कट जाए। कई घंटे के सफर के बाद मैं पंकज मोदी की तरफ़ से दिए गए पते पर पहुँचा तो देखा वहाँ पर बहुत कड़ा पहरा था। वहाँ पर पहुँचते ही मुझे पुलिस के जवानों ने चारों तरफ़ से घेर लिया। मैं बड़ा सोच में पड़ गया, यह क्या है? किंतु जब मैंने अपना परिचय बताया तो उन्होंने सहज भाव से कहा, आप समझ सकते हैं कि प्रधानमंत्री जी के परिवार की देखभाल करना हमारा कर्त्तव्य है। खैर सभी औपचारिकताओं को पूरा करने के बाद मुझे परिवार से मिलने की इजाज़त मिल चुकी थी। यह बहुत छोटा सा घर था जहाँ पंकज मोदी माँ हीराबेन के साथ रहते थे। गली बिल्कुल साफ़ थी, आसमान में सूरज अपने परवान पर था क्योंकि मुझे अहमदाबाद और फिर पंकज मोदी के घर पर पहुँचने में दोपहर हो गई थी। घर में प्रवेश के पहले आपको एक छोटी सी रेलिंग पार करनी होती है यह जाली नुमा रेलिंग थी जो किसी अज्ञात व्यक्ति के लिए लगाई गई थी जिससे वह घर में बिना पूछे प्रवेश न कर पाए। मैंने घर में प्रवेश किया तो देखा कि हीराबेन कुर्सी पर विराजमान है पंकज मोदी घर के अन्दर से बाहर आए और मुझे तख्त पर बैठने के लिए कहा... मेरी नजर तो बस हीराबेन पर थी उनके हाथ में माला थी... उनके चेहरे पर अनुभव और सघर्ष की झुर्रियाँ थी लेकिन एक संतोष था... हाथ में माला और कमर में रुमाल, यही हीरा बा की पहचान थी।

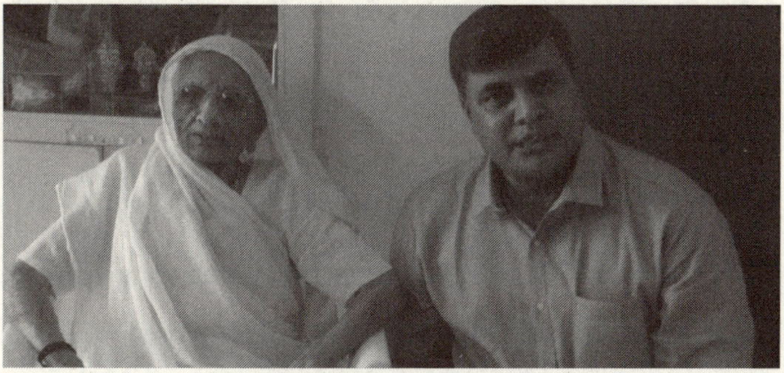

हीरा बा के साथ लेखक अरविंद चतुर्वेदी

पंकज ने हीराबेन को मेरे आने के बारे में बताया और साथ ही यह भी बताया कि मैं यहाँ क्यूँ आया हूँ। माँ को जब ये पता चला कि मैं नरेन्द्र मोदी के बचपन की कहानियों को इकट्ठा कर रहा हूँ तो उन्होंने पंकज के कान में गुजराती में कुछ कहा, पंकज थोड़ी देर के लिए अन्दर गये और, मेरे लिए कुछ चाय-पानी लेकर आए। उसी दौरान मैंने देखा कि माँ का मन तो बेटे के पास अमेरिका में ही लगा था। माँ टेलिविज़न सेट पर नज़रें गड़ाए बस एकटक बेटे को निहार रही थी। जो बातें अंग्रेज़ी में होती या समझ नहीं आती तुरंत अपने छोटे बेटे पंकज से पूछती थी। लग रहा था कि बेटे में ही माँ के प्राण बसते हैं। इसका ऐहसास अब मुझे होने लगा था... हीरा बा अब इस दुनिया में नहीं है उस दिन, उस पल और उनका बेटे नरेन्द्र के लिए अविरल प्रेम महसूस कर सकता हूँ।

वहीं दूसरी ओर प्रधानमंत्री मोदी भी माँ से सीखी बातों को नहीं भूलते। लोगों को भाषण देते समय हो या किसी बड़े मंच पर सम्बोधन करते हुए, माँ हमेशा प्रेरणा के तौर पर नरेन्द्र के साथ ही होती थी। सारे गुण तो नरेन्द्र ने माँ से ही सीखे। मैंने पूरी दुनिया के कई महान लोगों की जीवनियाँ पढ़ी हैं लेकिन माँ को

लेकर जितनी बातें नरेन्द्र मोदी ने की हैं शायद मैंने किसी से नहीं सुनी। तभी तो माँ के जाने के बाद अपने प्रधानमंत्री के साथ पूरा देश रो रहा था। कहते है न कुछ दर्द आते-जाते हैं, जैसे होती है सुबह या शाम बस ऐसे ही बीत जाते हैं मानो कभी हुए ही न हों। लेकिन कुछ दर्द ऐसे होते हैं जो मन-मस्तिष्क के दामन से लिपटे रह जाते हैं। न कभी इनका बोझ कम होता है, न कभी दिल हल्का। माँ हीराबेन का जाना भी बेटे नरेन्द्र के साथ-साथ भारत और पूरे विश्व के लिए कुछ ऐसा ही था।

20 दिसंबर 2022 को एक टेलीविजन चैनल के साथ हुए इंटरव्यू में प्रधानमंत्री मोदी से जब पूछा गया कि आप अपनी माँ को अपने साथ क्यों नहीं रखते? मोदी ने बताया था कि यदि प्रधानमंत्री बनकर घर से निकले होते तो स्वाभाविक रूप से माँ और परिवार के साथ मन करता। वे बहुत छोटी आयु में ही सब कुछ त्याग चुके थे, इसलिए लगाव या मोह माया नहीं रख पाए। उन्होंने यह भी कहा कि उन्होंने माँ को अपने साथ रहने बुला लिया था और बहुत दिन उनके साथ बिताए भी थे। किन्तु माँ ही उनसे कहती रही, 'तुम मेरे पीछे अपना समय क्यों व्यर्थ कर रहे हो, मैं तुम्हारे साथ रहकर क्या करूँगी? गाँव में रहकर वहाँ लोगों से मिलना-जुलना होता रहता है।' प्रधानमंत्री बन चुके नरेन्द्र मोदी ने बताया, 'मैं भी उनको समय नहीं दे पाता था, काम में ही लगा रहता था। कभी-कभार ही उनके साथ खाना खा पाता था, फिर मुझे अफसोस भी होता था कि मैं अपने काम से रात बारह बजे लौटता हूँ और माँ मेरा इंतज़ार करती रहती है।'

गीता के अध्याय 3 में कहा गया है:

यदयदाचरति श्रेष्ठस्तत्तदेवेतरो जनः।
स यत्प्रमाणं कुरुते लोकस्तदनुवर्तते ॥

श्रेष्ठ लोग जैसे आचरण करते हैं, सामान्य लोग उन्हीं के पदचिन्हों का अनुसरण करते हैं।

माँ हीराबेन एक श्रेष्ठ पुण्यात्मा थीं। उन्होंने अपने व्यवहार और आचरण के द्वारा देश और दुनिया को त्याग, तपस्या बलिदान, सर्मपण, सामूहिकता, श्रेष्ठता व अपनेपन का संदेश दिया। उनमें ये सभी गुण विद्यमान थे। अपने कर्मों से उन्होंने परिस्थितियों को बदला। देश को ऐसा कर्मयोगी बेटा दिया है जो भारत के भाग्य को बदलने में कार्यरत है।

तभी तो बेटे नरेन्द्र ने माँ को श्रद्धांजलि देते हुए लिखा "शानदार शताब्दी का ईश्वर चरणों में विराम। माँ मैंने हमेशा उस त्रिमूर्ति की अनुभूति की है, जिसमें एक तपस्वी की यात्रा, निष्काम कर्मयोगी का प्रतीक और मूल्यों के प्रति प्रतिबद्ध जीवन समाहित रहा है। इस समय देश में लोकसभा का चुनाव चल रहा है। देश के प्रधानमंत्री नरेन्द्र मोदी हर दिन देश के अलग-अलग हिस्सों में चुनाव प्रचार कर रहे हैं इस क्रम में वे गुजरात और अहमदाबाद भी जाएँगे, लोगों से भी मिलेंगे लेकिन नरेन्द्र के लिए कुछ खाने के लिए बनाकर इंतज़ार करने वाली माँ नहीं होगी। बेटे को लाइन में लगाकर वोट डालने वाली माँ नहीं होगी। बेटे को जीत का आर्शीवाद देने वाली माँ नहीं होगी, किंतु सच तो यही है कि माँ कहीं भी हो उसका आशीर्वाद तो हमेशा अपने नरेन्द्र के साथ ही रहेगा।

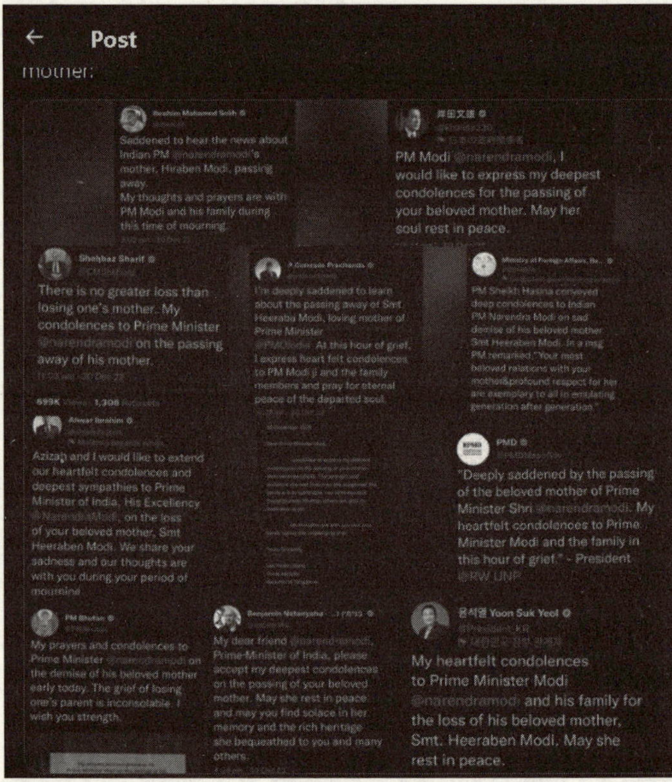

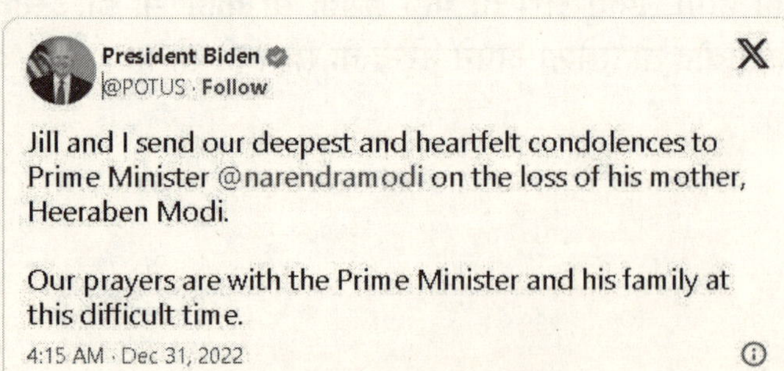
President Biden
@POTUS · Follow

Jill and I send our deepest and heartfelt condolences to Prime Minister @narendramodi on the loss of his mother, Heeraben Modi.

Our prayers are with the Prime Minister and his family at this difficult time.

4:15 AM · Dec 31, 2022

दुनियाभर से माँ के लिए संदेश

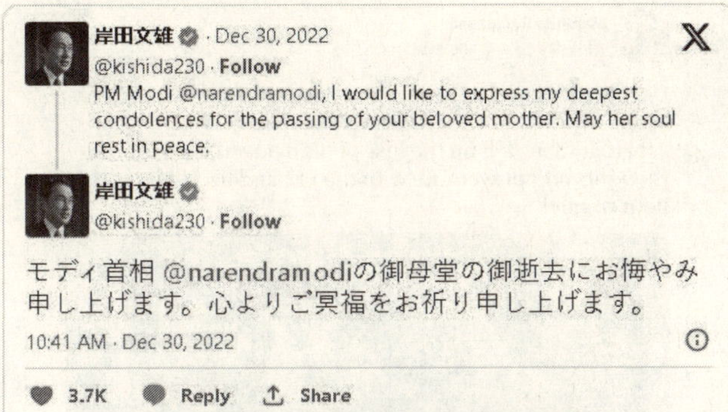

岸田文雄 · Dec 30, 2022
@kishida230 · Follow
PM Modi @narendramodi, I would like to express my deepest condolences for the passing of your beloved mother. May her soul rest in peace.

岸田文雄
@kishida230 · Follow
モディ首相 @narendramodiの御母堂の御逝去にお悔やみ申し上げます。心よりご冥福をお祈り申し上げます。
10:41 AM · Dec 30, 2022

3.7K Reply Share

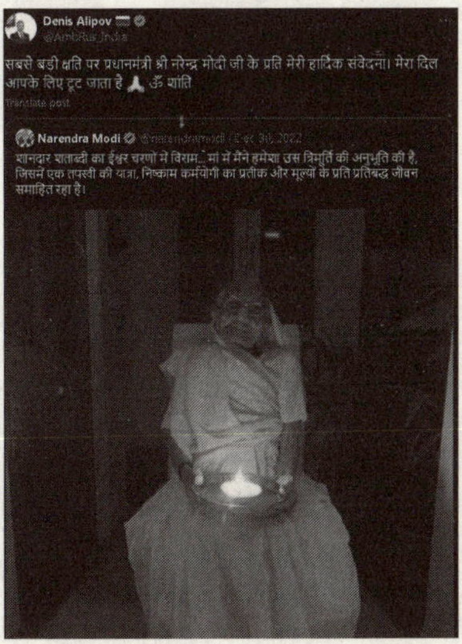

Denis Alipov
सबसे बडी क्षति पर प्रधानमंत्री श्री नरेन्द्र मोदी जी के प्रति मेरी हार्दिक संवेदना। मेरा दिल आपके लिए टूट जाता है 🙏 ॐ शांति

Narendra Modi
शानदार शताब्दी का ईश्वर चरणों मे विराम... मां में मैंने हमेशा उस त्रिमूर्ति की अनुभूति की है, जिसमें एक तपस्वी की यात्रा, निष्काम कर्मयोगी का प्रतीक और मूल्यों के प्रति प्रतिबद्ध जीवन समाहित रहा है।

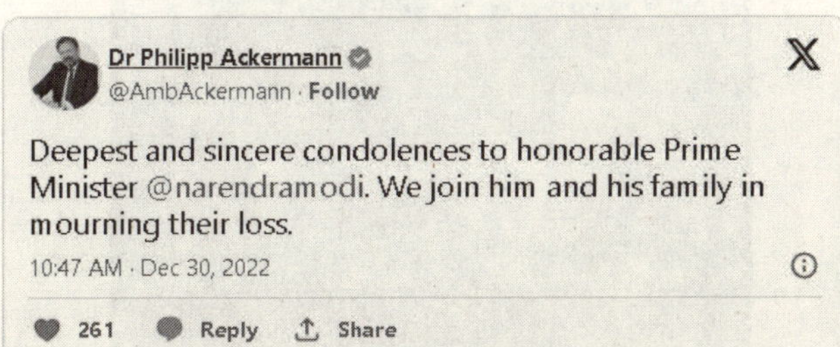

Dr Philipp Ackermann
@AmbAckermann · Follow

Deepest and sincere condolences to honorable Prime Minister @narendramodi. We join him and his family in mourning their loss.
10:47 AM · Dec 30, 2022

261 Reply Share

दुनियाभर से माँ के लिए संदेश

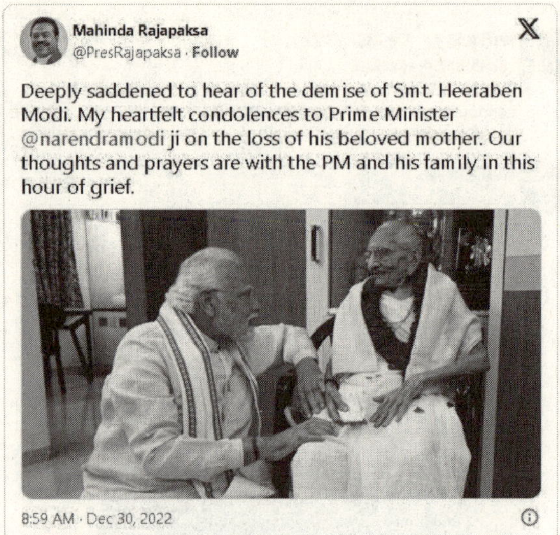

Mahinda Rajapaksa
@PresRajapaksa · Follow

Deeply saddened to hear of the demise of Smt. Heeraben Modi. My heartfelt condolences to Prime Minister @narendramodi ji on the loss of his beloved mother. Our thoughts and prayers are with the PM and his family in this hour of grief.

8:59 AM · Dec 30, 2022

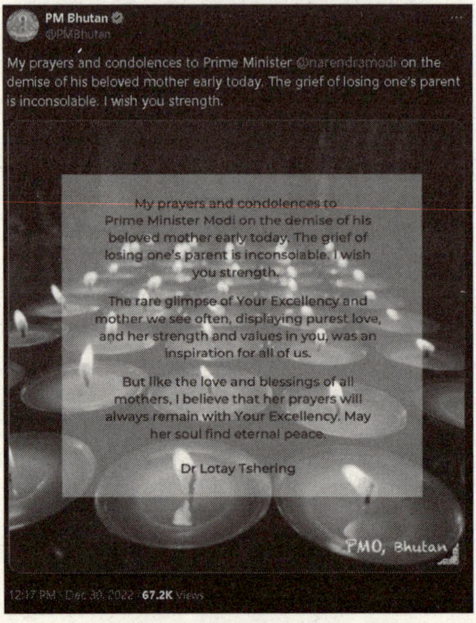

PM Bhutan
@PMBhutan

My prayers and condolences to Prime Minister @narendramodi on the demise of his beloved mother early today. The grief of losing one's parent is inconsolable. I wish you strength.

12:17 PM · Dec 30, 2022 · 67.2K Views

दुनियाभर से माँ के लिए संदेश

Sher Bahadur Deuba
@SherBDeuba · Follow

My heartfelt condolences to Shri @narendramodi ji and his family at the passing away of his venerable Mother Heeraben Modi. May her eternal soul attain Moksha.

8:57 AM · Dec 30, 2022 from Nepal

1.8K Reply Share

Justin Trudeau
@JustinTrudeau · Follow

Sophie and I are sending our deepest condolences to @NarendraModi as he mourns the passing of his mother, Heeraben. At this difficult time, we're keeping the Prime Minister and his family in our thoughts.

7:13 AM · Jan 2, 2023

11.3K Reply Share

Shehbaz Sharif
@CMShehbaz · Follow

There is no greater loss than losing one's mother. My condolences to Prime Minister @narendramodi on the passing away of his mother.

11:03 AM · Dec 30, 2022

30.6K Reply Share

दुनियाभर से माँ के लिए संदेश

2

माँ का बचपन और हर दिन की चुनौतियाँ

माता आनन्दमयी कहती हैं, 'यदि सूर्य के प्रकाश को लैंस के ज़रिए फोकस किया जाए, तो इसमें चीजों को जलाने की शक्ति होती है। उसी प्रकार यदि हम अपने मन को एक जगह केन्द्रित कर लें तो उस शक्ति का उपयोग हम विश्व के कल्याण के लिए कर सकते हैं।'

'संकट के समय में केवल सृजनशीलता ही ज्ञान से अधिक महत्व रखती है।' 18 जून 1923, जिस दिन माँ हीराबेन का जन्म हुआ था, देश के लिए भी वह एक ऐतिहासिक दिन था। 12 जून 2022 'दैनिक जागरण' के हवाले से दी गई जानकारी के अनुसार 18 जून 1923 को नागपुर में अखिल भारतीय झंडा दिवस मनाने के साथ स्वाधीनता की यह क्रांति पताका पूरे देश में फहराने लगी थी। ऐसे दिन जन्मी थीं... माँ हीराबेन।

माँ हीराबेन की कहानी साहसी, आशावान, कभी हार न मानने वाली व अपने ऊपर पूर्ण विश्वास रखने वाली महिला की कहानी है। एक ओर तो यह कथा रोज़मर्रा की बातें बतलाती है, वहीं दूसरी ओर यह कभी न रुकने की प्रतिबद्धता, मन की सच्चाई, व्यक्तित्व की गरिमा व हर दिन अपने लक्ष्य को प्राप्त करने का दृढ़ संकल्प दर्शाती है। यह हमारे देश में घर की चारदीवारी के बाहर-भीतर, काम में जुटी असंख्य लड़कियों और महिलाओं की कहानी भी है। यह कहानी बताती है कि ज़िन्दगी हर दिन, हर क्षण हमारी परीक्षा लेती है, किंतु हमारा समर्पण, दृढ निश्चय व संकल्प तय करता है कि ज़िन्दगी की इस दौड़ में हम कहाँ खड़े होंगे।

माँ हीराबेन का बचपन ऐसा कठिनाइयों भरा था। हर दिन, हर पल बस चुनौतियाँ और कठिनाइयाँ ही उनके खाते में होती थीं। पीएम मोदी के भाई प्रह्लाद मोदी से मेरी मुलाक़ात में उन्होंने मुझे माँ हीराबेन के जीवन के शुरुआती दिनों के विषय में बहुत कुछ बताया। माँ हीराबेन का जन्म अपने नानी-घर पालनपुर, गुजरात में हुआ था। माँ हीराबेन नानी-परिवार में पहली संतान थी। मोदी परिवार की रीति अनुसार पहला बच्चा नाना-नानी के घर होता है। माँ हीराबेन के जन्म लेने पर सभी रीति-रिवाज पूरे किए गए थे। माँ हीराबेन के पिता हर गोविन्ददास दज्जीदास मोदी का विसनगर में छोटा सा भोजनालय था। जब माँ हीराबेन मात्र 6 महीने की थी, उनकी माँ चल बसी। प्रधानमंत्री नरेन्द्र मोदी ने अपने ब्लॉग पर लिखा था, 'छोटी उम्र में माँ ने अपनी माँ को स्पेनिश फ़्लू महामारी में खो दिया। माँ को अपनी माँ का चेहरा या गोद का आराम भी याद नहीं।' बिना माँ की छत्र-छाया में ही माँ हीराबेन ने अपना

विसनगर – माँ की कर्मभूमि

पूरा बचपन बिताया। आप अनुमान लगा सकते हैं कि वह कितना कठिन दिन रहा होगा। बिन माँ की बेटी माँ हीराबेन के पालन-पोषण के लिए उनके पिता हर गोविन्ददास दज्जीदास मोदी ने कुछ समय पश्चात् दूसरा विवाह कर लिया। माँ हीराबेन की दूसरी माँ गुजरात के पाटण जिले से थी। हीराबेन की दूसरी माँ सीता बा ने हीराबेन का पालन-पोषण करना शुरू किया। सीता बा ने तीन बेटियों और एक बेटे को भी जन्म दिया। इनके पालन-पोषण की ज़िम्मेदारी भी हीराबेन पर ही थी क्योंकि वह घर में सबसे बड़ी थी। इन सब के बीच हीराबेन का स्कूल छूट

गया। पीएम मोदी भी कहते हैं कि आर्थिक तंगी के कारण मेरी माँ को स्कूल जाने का अवसर ही नहीं मिला। दूसरी माँ के बच्चों की ज़िम्मेदारी भी उन्हीं पर थी। छोटे भाई-बहनों की देखभाल करते-करते बचपन से ही माँ हीराबेन में मातृत्व के गुण आ गए थे। माँ हीराबेन छोटी-सी आयु में घर का सारा काम सम्भालने लगी। भाई-बहनों को नहलाना, उनको खाना खिलाना सब माँ हीराबेन ही करती थी। माँ हीराबेन की दूसरी माँ सीता बा की भी असामयिक मृत्यु हो गई। हर गोविन्ददास दज्जीदास मोदी ने फिर तीसरा विवाह किया। उनकी तीसरी पत्नी का नाम समो बा था। समो बा से उन्हें दो बेटियाँ व दो बेटे हुए। माँ हीराबेन कुल मिलाकर बचपन से ही सात बहनें और दो भाइयों को बड़ा करने की ज़िम्मेदारी उठा रही थी, जिनमें से 2 की मृत्यु हो गई थी। "हीराबेन के कुल पाँच भाई और तीन बहनें थीं।" शायद माँ हीराबेन का यही प्रारब्ध था जिसने हर दिन उन्हें कुछ नया करना सिखाया।

यह माँ हीराबेन की नियति ही कही जाएगी जो उनकी खूब परीक्षा लेती रही। आमतौर पर जब हमारे हाथ में कुछ नहीं होता तो हम अपनी ज़िन्दगी भगवान के सहारे छोड़ देते हैं, लेकिन माँ हीराबेन ने हर दिन उस संघर्ष से सीखा। बचपन की कठिनाइयों ने उन्हें और उनके इरादों को और भी दृढ़ बना दिया।

यहाँ पर एच जी वेल्स की कही यह बात स्मरण होती है, 'यह महत्वपूर्ण नहीं है कि आपके पास क्या नहीं है। महत्वपूर्ण यह है कि आपके पास क्या है और आप उसका कैसे उपयोग करते हैं।' माँ हीराबेन ने बचपन में ही सीख लिया था कि कैसे अपने पास जो है उसी को काम में लगाना है। कहते हैं न कठिनाई में

ही व्यक्ति के सर्वश्रेष्ठ गुण बाहर आते हैं और मुश्किल समय ही हमें प्रबल व क्रियाशील बनाता है। माँ हीराबेन ने भी समय के साथ कठिनाइयों की पहचान की और आने वाली चुनौतियों का डटकर सामना किया।

3

माँ हीराबेन – विवाह और परिवारिक ज़िम्मेदारी

गुजरात के मेहसाणा ज़िले में स्थित है विसनगर और वहीं से कुछ किलोमीटर दूरी पर वड़नगर है। वहीं के मोदी परिवार में दामोदरदास मोदी के साथ हीराबेन का विवाह हुआ। बचपन से ही संयुक्त परिवार में पली-बड़ी माँ हीराबेन का ससुराल भी संयुक्त परिवार था। अहमदाबाद में हीराबेन और पंकज से मिलने के बाद मैंने वड़नगर की तरफ़ कूच कर दिया।

दामोदरदास मोदी परिवार के सबसे बड़े बेटे थे। भारत में विवाह एक अत्यंत महत्वपूर्ण पारम्परिक बंधन है। हीराबेन का विवाह किन परिस्थितियों में हुआ यह तो नहीं पता चला, लेकिन यह अवश्य कहा जा सकता है कि हीराबेन अपने विवाह में केवल 15-16 वर्ष की ही थी। इतनी छोटी आयु में विवाह और लगातार बढ़ रही जिम्मेदारियों ने हीराबेन को फौलाद बना दिया था। विवाह के पश्चात् हीराबेन विसनगर से

अपने ससुराल वड़नगर आ गई, किन्तु यहाँ भी चुनौतियाँ कम नहीं हुईं।

दामोदरदास मोदी और हीरा बा

प्रधानमंत्री नरेन्द्र मोदी के दादा मूलचन्द मगनलाल मोदी के 6 बेटे थे – सबसे बड़े दामोदरदास मोदी, फिर नरसिंहदास मोदी, नरोत्तम भाई मोदी, जनजीवन दास मोदी, कांती लाल और सबसे छोटे जयंती लाल मोदी। स्पष्टतः दामोदरदास मोदी का बहुत बड़ा परिवार था किन्तु वे बहुत गरीब थे। वैसे तो वे बनासकांठा ज़िले के नवदोत्रा गाँव के रहने वाले थे, परन्तु उन्नीसवीं शताब्दी के बाद के वर्षों में मगनलाल रणछोड़दास मोदी ने वड़नगर में एक किराने की दुकान खोलने के लिए अपना घर छोड़ दिया था। पिता के बाद बेटे मूलचंद ने वह दुकान संभाली। मूलचंद के बड़े बेटे थे दामोदरदास मोदी, जिनका जन्म 1915 में हुआ था। मोदी परिवार घांची जाति के लोग थे, जिनका पैतृक कार्य पारम्परिक तरीक़े से तेल निकालना था। परिवार का सबसे बड़ा सदस्य जब धाणी

चलाता तो घर की सबसे बड़ी बहू होने के नाते माँ हीराबेन उसमें हाथ बटाती थी। उनके सभी देवर अभी बहुत छोटे थे तो सारी ज़िम्मेदारी उन पर ही थी। माँ हीराबेन भी परिवार के बड़े सदस्यों के साथ सभी जिम्मेदारियों को बखूबी निभाती थी। शायद उनका यही प्रारब्ध था जिसने हर दिन उन्हें कुछ नया करना सिखाया। पालनपुर हो, विसनगर या वड़नगर, माँ हीराबेन का जीवन संघर्ष से भरा हुआ था। फिर भी बिना स्कूल गए ही माँ हीराबेन ने इस मिट्टी से ही जीवन में बहुत कुछ सीख लिया था। कहते हैं, "संकल्प वह शक्ति है जिससे हम सभी निराशाओं और विघ्नों को पार कर वह इच्छा शक्ति जुटा सकते हैं। यही इच्छा शक्ति सफलता का आधार बन जाती है।"

वड़नगर एक क़स्बा हुआ करता था, किन्तु आज पूरी दुनिया में इस गाँव को नरेन्द्र मोदी की जन्मस्थली और मोदी का गाँव के तौर पर लोग जानते हैं।

हीराबेन के परिवार की कर्मभूमि

यहाँ कभी बौद्ध संस्कृति हुआ करती थी। वड़नगर में जाने के लिए मुझे गलियों से होकर जाना पड़ा, जैसे ही आप वड़नगर में प्रवेश करते हैं तो सबसे पहले महादेव का एक बड़ा मंदिर है।

वड़नगर का महादेव मंदिर – मोदी परिवार के लोगों का पूजा स्थल

जहाँ पर कहा जाता है कि सावन महीने में बड़ा मेला लगता है। वहाँ के महन्त जी से बात करने पर पता चला कि मोदी परिवार वहाँ पर आकर पूजा-पाठ करता था... ख़ास तौर पर हीरा बा प्रमुख मौक़ों पर वहाँ ज़रूर जाया करती थी। मेरे मन में हीरा बा को लेकर अनेकों सवाल थे। एक माँ के तौर पर वह कैसी थी, परिवार और वड़नगर के लिए कैसी थी। अब वड़नगर में हीराबेन की कोई सखी-सहेली नहीं मिलती हैं जो पहले हुआ करती थी, जिनसे उनके बारे में विस्तार से बात की जा सके। उनके पड़ोस में रहने वाले नरेन्द्र मोदी के बाल सखा श्यामल दास माधवलाल मोदी का परिवार और उनकी मौसी मिली, जो हीराबेन की सहेली हुआ करती थी... अब उनको कम सुनाई

देता है... आँखों से भी बहुत कम दिखता है... किन्तु माधवलाल के ज़रिए हम थोड़े बहुत सवाल पूछने में कामयाब रहे...

वड़नगर आने के बाद 16 वर्ष की हीराबेन ने अपनी घर-गृहस्थी जमानी शुरू कर दी थी। गाँव में आज भी घर की महिलाएँ तड़के ही उठ जाया करती हैं। उस दौर में गुजरात का एक छोटा सा गाँव वड़नगर जहाँ मौलिक सुविधाओं का भारी अभाव था, हीराबेन का दिन भी तड़के उठने से ही शुरू होता था। श्यामल दास माधवलाल की मौसी ने हमें बताया कि पहले हम सब लोग तड़के ही उठ कर घर का सारा काम कर लिया करते थे... क्योंकि घर के पुरुष सदस्य आस-पास ही कोई काम-धन्धा करते थे, शाम पाँच बजे के आस-पास वे लौट आते... पानी के लिए पास में ही कुआँ हुआ करता था जहाँ से हम सभी लोग पानी लाने का काम करते थे। गर्मी में पानी की दिक़्क़त होती थी क्योंकि पानी का तल नीचे चला जाता था। नरेन्द्र मोदी ने माँ को लिखे लेख में लिखा है कि मेरी माँ अपने परिवार में सबसे बड़ी थी और जब शादी हुई तो भी सबसे बड़ी बहू बनी। बचपन में जिस तरह वह अपने घर में सभी की चिंता करती थी, सभी का ध्यान रखती थी और सारे कामकाज की जिम्मेदारी उठाती थी, ठीक वैसी ही जिम्मेदारियाँ उन्होंने ससुराल में भी उठाई। परेशानियों के बीच भी माँ ने हमेशा शान्त मन से, हर स्थिति में परिवार को सम्भाले रखा। श्यामल दास माधवलाल की मौसी ने बताया कि मेरा और दामोदरदास मोदी का परिवार आमने-सामने ही रहता था... हम एक-दूसरे के हर कार्य प्रयोजन पर जाते भी थे... और एक-दूसरे की मदद भी करते थे... जैसा मैंने ऊपर कहा कि मोदी का परिवार संयुक्त परिवार था... लेकिन उसकी कमान हीरा बा के पास ही थी... घर में हर निर्णय में उनकी बहुत प्रभावशाली भूमिका

हुआ करती थी... इसे दूसरी तरह से देखें तो कहा जा सकता है कि घर पर हीरा बा का ही राज चलता था। वड़नगर में आने के बाद हीरा बा के पास कई चुनौतियाँ थी, हीरा बा तो इस तरह की चुनौतियों को अपने बचपन से देख रही थी... उनको पता था कि इन चुनौतियों को दूर करने के लिए क्या करना है... इसके लिए उन्होंने अपने पति दामोदरदास मोदी के साथ कंधे से कंधा मिलाकर उनका साथ दिया और घर के काम के साथ ही रोज़गार के कामों में उन्होंने हाथ बँटाया...।

4
कर्मभूमि वड़नगर

वड़नगर हीरा बा की भी कर्मभूमि कही जा सकती है क्योंकि विवाह के बाद जीवन के हर रंग हीरा बा ने यहीं देखे, बच्चों को बढ़ते हुए देखना जीवन में कमाल का अनुभव रहा होगा। उन सबके लिए चुनौतियाँ तो बहुत थी... किन्तु माता-पिता का आशीर्वाद और उनके मार्गदर्शन ने जीवन में लड़ने का मार्ग प्रशस्त किया। विवाह के बाद जब तक बेटे बड़े नहीं हो गए तब तक माँ हीराबेन यहीं रहीं। यही उनके संघर्ष का कुरुक्षेत्र था। वड़नगर ऐतिहासिक रूप से भी बहुत महत्वपूर्ण शहर है, जिसका इतिहास 2500 साल पुराना है। सातवीं शताब्दी में भारत आए चीनी यात्री ह्वेनसांग के यात्रा विवरण में भी वड़नगर का उल्लेख मिलता है। वड़नगर में बौद्ध धर्म का भी प्रभाव था, यहाँ जैन गुफाएँ और सोलंकी शासकों के बनवाएँ स्मारक भी हैं। नरेन्द्र मोदी का पालन-पोषण वड़नगर में ही हुआ। माँ हीराबेन की छत्र-छाया, बचपन से ही हर विषय-वस्तु को लेकर

उनकी तटस्थता व वड़नगर की मिट्टी ने मिलकर नरेन्द्र मोदी के आगे बढ़ने की दिशा दिखाई।

नरेन्द्र मोदी ने अपनी पुस्तक 'ज्योति पुंज' की भूमिका में लिखा है—भारतवर्ष की अपनी विशेषता रही है जिसके कारण वह अपने दीर्घकाल के इतिहास को जीवित रख पाया। 'ज्योति पुंज' में आगे लिखा है—मुझे दो स्थानों पर जाने का अवसर मिला, एक कलकत्ता का वटवृक्ष और दूसरा नर्मदा के तट पर कबीर मठ। जब नरेन्द्र वहाँ गए और उस वृक्ष को देखकर कहा कि धरती को छूती हुई ये बड़ी-बड़ी शाखाएँ इतनी वृहदाकार हो गई हैं कि पता लगाना मुश्किल हो गया है कि इसमें मूल कौन सा है, तो वहाँ के अधिकारी ने कहा, महाराज! मूल का पता लगाना तो कठिन है। केवल परम्परा से यहाँ अधिकारी आते रहे हैं, वे ही बता सकते हैं। लेकिन ये शाखाएँ इतनी बड़ी हो गई हैं कि ये अपने को मूल रूप में सिद्ध कर रही हैं। इस वटवृक्ष का पहला बीज कितना भाग्यशाली रहा होगा, जिस बीज में से निकले एक वृक्ष और उस वृक्ष में से निकली हुई प्रत्येक शाखा ही वटवृक्ष दिखाई दे रहा है, लेकिन प्रथम बीज किसने डाला उसे कोई नहीं जानता। मोदी आगे लिखते हैं, इस वटवृक्ष का निर्माण अभिप्रायपूर्वक नहीं हुआ। किसी पक्षी को भूख लगी तो उसने कहीं फल खा लिया और फल खाने के पश्चात् जो प्रत्येक प्राणी की विसर्जित करने की अपनी स्वाभाविक इच्छा होती है, उस विसर्जन में से ऐसा सर्जन संसार में कहीं भी हो सकता है। पक्षी ही ऐसे बड़े काम कर सकता है। उस वटवृक्ष को देखकर मोदी जी के मन में यह विचार आया कि यदि कोई व्यक्ति अपनी पूर्ण निष्ठा के साथ किसी कार्य को प्रारंभ करने का विचार और संकल्प करे, इस

तरह उसमें दृढ़ता हो तो जैसे एक छोटा-सा बीज वटवृक्ष बन सकता है, वैसे ही उसका चिंतन भी वृहदाकार होकर वटवृक्ष की भाँति छाया, शांति और शीतलता प्रदान कर सकता है।

माँ हीराबेन ने वड़नगर में अपने कर्म, संस्कार और मेहनत से ऐसा ही एक बीज बोया था, जो अब वटवृक्ष बन चुका है और पूरे विश्व में भारतीयों को छाया प्रदान कर रहा है। वड़नगर पहुँचकर मेरे मन में उस घर को देखने की बहुत तीव्र इच्छा थी जहाँ पर माँ हीराबेन ने कड़ी मेहनत करके माँ होने का कर्तव्य निभाया। चाहे दूसरों के घरों में जाकर बर्तन माँजने या किसी के घर में साफ़-सफ़ाई का काम रहा हो, उन्होंने कभी इस बात की परवाह नहीं की कि लोग क्या कहेंगे। इससे उनकी ख़ुद्दारी व परिवार के प्रति समर्पण का पता लगता है। समय एक ऐसा रहस्य है, जो उतना ही पर्दा उठाता है कि लोगों में उसे समझने की जिज्ञासा बनी रहे। आज तक ऐसी कोई सर्कैडियन घड़ी नहीं बनी जो पूरे जीवन की होनी को पहले ही दिखला दे। वड़नगर की ऊँची-नीची गलियों को पार करके मैं माँ हीराबेन और दामोदरदास मोदी जी के उस घर तक पहुँच गया जिसे आज पूरी दुनिया में न जाने कितने लोग देखना चाहते होंगे। कितने ऐसे लोग होंगे, जो यह समझना चाहते होंगे कि नरेन्द्र दामोदरदास मोदी का बचपन इस घर में कैसे बीता? उस मिट्टी को अपने माथे लगाना चाहते होंगे जिस मिट्टी में माँ हीराबेन ने नरेन्द्र मोदी को जन्म दिया। माँ हीराबेन के तप को समझना चाहते होंगे कि किन परिस्थितियों में माँ ने अपने सभी बच्चों को इतने सुन्दर संस्कार दिए।

आगे बढ़ने से पहले यहाँ पर आपको एक कहानी बताता हूँ जो माँ हीराबेन पर बिलकुल सटीक बैठती है। 'एक बार एक

राजा ने मुख्य मार्ग के बीचों-बीच एक बड़ा-सा पत्थर रखवा दिया और स्वयं एक पेड़ के पीछे छिपकर देखने लगे कि कोई उस पत्थर को हटाता है या नहीं। कई राजदरबारी और व्यापारी वहाँ से गुजरे। उनमें से कई लोगों ने राजा की इस बात के लिए निंदा भी की कि राज्य की सड़क व्यवस्था ठीक नहीं है, किन्तु किसी ने भी उस पत्थर को हटाने का प्रयास तक नहीं किया। फिर वहाँ एक किसान पहुँचा जिसकी पीठ पर अनाज का बोरा था। पत्थर को देखकर उसने अपना बोझ एक ओर रखा और पत्थर हटाने का प्रयास करने लगा। किसान यह देख कर हैरान रह गया कि जिस जगह से उसने पत्थर हटाया, वहाँ एक पोटली में सोने के ढेर सारे सिक्के और एक पत्र था जिसमें लिखा था कि पत्थर को हटाने वाले के लिए ये सोने के सिक्के उपहार हैं।' इस कहानी के किसान की भाँति माँ हीराबेन भी हर किसी की मदद के लिए हमेशा तैयार रहती थी। हमारे मार्ग में आने वाली हर बाधा हमें उन्नति का अवसर प्रदान करती है। जब कोई चीज हमारी थोड़ी-सी पहल से ठीक हो सकती है तो प्रयास करना ही चाहिए। किसी के लिए निःस्वार्थ भाव से कुछ अच्छा किया हुआ घूम-फिर कर हमें लाभ अवश्य पहुँचाता है।

मैंने कई दिन वड़नगर में बिताए। जब मैं माँ हीराबेन के घर के पास पहुँचा तो कुछ देर वहीं बैठकर सोचने लगा कि वड़नगर की तंग गलियाँ, उसमें एक मंज़िले मकान में आठ लोगों का बड़ा परिवार कैसे रहता होगा। नरेन्द्र मोदी ने माँ को समर्पित अपने लेख में भी लिखा है कि वड़नगर के जिस घर में हम रहते थे, वह बहुत ही छोटा था। इस घर में न कोई खिड़की थी और न ही शौचालय। तीन ओर से कपड़ा लगाकर एक शौचालय

बनाया गया था। दामोदरदास मोदी का परिवार तो बड़ा था, किन्तु परिवार में कमाने वाले सदस्य के तौर पर वे अकेले ही थे। सभी भाई-बहन वड़नगर में ही जन्मे थे। नरेन्द्र मोदी का जन्म भी इसी घर में हुआ था और इन्हीं गलियों में नरेन्द्र मोदी खेले-कूदे। मेरे मन में यह प्रश्न उठने लगा कि किन कठिन परिस्थितियों में माँ हीराबेन ने सभी बच्चों का पालन-पोषण किया होगा। प्रह्लाद मोदी ने बचपन में घटी एक घटना बताई, "जब हम भाई-बहन छोटे थे तो एक बार घर के बाहर की दीवार बारिश के कारण गिर गई थी। माँ मेरी बहन (बसंती) के साथ सो रही थी। रात का दूसरा पहर शुरू ही हुआ होगा कि घर में किसी के घुसने की आहट सुनाई पड़ी। माँ नींद से जाग गई और बहुत बहादुरी से घर में घुस आए चोरों को भगा दिया। मेरी माँ अपने बहादुर पिता की बेटी थी।" सचमुच माँ हीराबेन साहस की प्रतिमूर्ति थी।

मेरे मन में भी कई बातें घूम रही थी, क्योंकि मैं वड़नगर में माँ हीराबेन और पंकज मोदी से नरेन्द्र के बचपन से जुड़ी कहानियों को सुनकर आया था।

वड़नगर में जब हम थोड़ा आगे पहुँचे तो मुझे एक और घर दिखवाया दिया, यह दो मंज़िला मकान था। बातचीत में मुझे यह पता चला कि पहले यह मकान केवल एक मंज़िल का हुआ करता था, पहली मंज़िल पर मिट्टी-गोबर और बाँस के ढाँचे की छत हुआ करती थी। यही था माँ हीराबेन के संघर्ष का कुरुक्षेत्र। यही पर सभी भाई-बहनों का लालन-पालन हुआ और यहीं पर सभी भाई-बहन खेला करते थे। माँ हीराबेन की विशेषता थी कि कठिन परिस्थितियों में भी पूरे घर को एक सूत्र में बाँधकर चला करती थी। नरेन्द्र मोदी अपने लेख में बताते हैं, "सामान्य

रूप से जहाँ अभाव रहता है, वहाँ तनाव भी रहता है। किन्तु अभाव के बीच भी मेरे माता-पिता की विशेषता थी कि वे घर में कभी तनाव को हावी नहीं होने देते थे।"

उस समय घरों में न बिजली और न ही खाना बनाने के लिए गैस की व्यवस्था हुआ करती थी। गोबर के उपले व लकड़ी का प्रयोग करके चूल्हे पर ही खाना बनाया जाता था। इंटरनेशनल एनर्जी एजेंसी और अफ्रीकन डेवलपमेंट बैंक ग्रुप की ओर से जारी "विजन फॉर क्लीन कुकिंग ऐक्सेस फॉर ऑल" 2030 की रिपोर्ट के अनुसार 230 करोड़ लोग अपना भोजन खुली आग, बुनियादी स्टोव या चूल्हे पर बनाते हैं। इसके लिए मिट्टी का तेल, कोयला, लकड़ी व कंडे या उपले का इस्तेमाल करते हैं। इससे एक बहुत बड़ी मात्रा में घरेलू वायु प्रदूषण होता है। यह रिपोर्ट यह भी कहती है कि भारत, चीन और इंडोनेशिया में दूषित साधनों पर निर्भरता बहुत है। प्रधानमंत्री बनने के बाद नरेन्द्र मोदी सरकार की ओर से शुरू किए गए उज्ज्वला योजना के अंतर्गत 21 मई 2023 तक लगभग 9.6 करोड़ गैस कनेक्शन दिए जा चुके हैं। भारत सरकार की मौजूदा रिपोर्ट के अनुसार, पीएमयूआई योजना के तहत यह लक्ष्य 10.35 करोड़ हो गया है। विश्व स्वास्थ्य संगठन की एक रिपोर्ट कहती है कि हर वर्ष वायु प्रदूषण से करीब 32 लाख लोगों की मृत्यु हो जाती है। इसमें पाँच वर्ष या उससे कम आयु के 2.37 लाख बच्चे भी शामिल हैं।

यह घर अब मोदी परिवार ने आर्थिक तंगी के चलते बेच दिया था। बचपन में मिली सीख और तकलीफ़ जीवनभर याद रहती है। नरेन्द्र मोदी ने अपनी माँ के जन्म शताब्दी वर्ष पर कहा कि मेरी माँ ने केवल ग़रीबी देखी है, घर में हर तरफ़ अभाव

देखा है। मोदी इसे ईश्वर प्रदत्त बताते हैं और कहते हैं कि शायद ईश्वर ने उनके जीवन को इसी प्रकार से गढ़ने की सोची। वे आगे कहते हैं कि जिम्मदारियों और परेशानियों के बीच माँ शांत मन से परिवार को सँभाले रही। घर चलाने के लिए वह दूसरों के घर में बर्तन भी माँजा करती थी और समय निकाल कर चरखा भी चलाती थी। जिससे थोड़े बहुत पैसे जुट जाते थे। अपने काम के लिए किसी दूसरे पर निर्भर रहना तो दूर, उन्हें अपना काम करने के लिए किसी दूसरे से कहना भी पसंद नहीं था।

नरेन्द्र मोदी परिवार का बचपन बिना बिजली के बीता है इसलिए वे उस तकलीफ़ को जानते-समझते थे। नरेन्द्र मोदी ने माँ को हर शाम केरोसिन की व्यवस्था करते देखा होगा, कई बार स्वयं भी घर पर केरोसिन लाने की ज़िम्मेदारी निभाई होगी, उस हल्की रोशनी में खाना बनाने वाले चूल्हे से निकलते धुँए में माँ को खाँसते हुए उनकी पीड़ा को महसूस किया होगा। नीलांजन मुखोपाध्याय ने नरेन्द्र मोदी के एक साक्षात्कार को अपनी पुस्तक 'नरेन्द्र मोदी: एक शख़्सियत, एक दौर' में प्रकाशित किया है, जिसमें नीलांजन कहते हैं कि मोदी ने बताया, 'मैंने बहुत दर्द सहे हैं क्योंकि मैं जिस गाँव में पला-बड़ा वहाँ बिजली नहीं थी और इस कारण से बचपन में हमें बहुत कठिनाइयों का सामना करना पड़ा।' यही कारण था कि जब वे गुजरात के मुख्यमंत्री बने तो उन्होंने 'ज्योति ग्राम योजना' की शुरुआत की।

"सामाजिक समरसता" नामक एक पुस्तक जिसमें किशोर मकवाणा ने नरेन्द्र मोदी के भाषणों का संग्रह किया है, उसमें एक स्थान पर मोदी कहते हैं, 'ज्योति ग्राम योजना' को शुरू करने के समय उनके पास गुजरात विधानसभा में विरोधी पक्ष के नेता अमर सिंह चौधरी भाई मिलने के लिए आए थे और उनसे कहने

लगे, 'नरेन्द्र भाई आप नए-नए मुख्यमंत्री बने हैं, आपको प्रशासन का अनुभव नहीं है। किसी ने जलती हुई लकड़ी आपको पकड़ा दी है, 24 घंटे गाँवों को बिजली मिले यह संभव नहीं है। विधानसभा में तो आपसे बोला नहीं परन्तु अकेले में मित्र होने के नाते आपसे कहता हूँ, यह काम असंभव है। आप ऐसा वचन देकर फँस जाएँगे।' नरेन्द्र मोदी ने मज़ाक़ में उनसे कहा, 'अमर सिंह भाई, यह काम-काज सरल होता तो लोगों ने क्या आपको मुख्यमंत्री की कुर्सी पर नहीं बिठाया होता? कठिन है, इसलिए तो मुझे बिठाया है।' काम वास्तव में अति कठिन था परन्तु दिल में दर्द था। तभी यह काम संभव हो पाया।

नरेन्द्र मोदी जब गुजरात के मुख्यमंत्री बने तो बचपन में मिली माँ, परिवार और गाँव वालों की तकलीफ़ को भला कैसे भुला सकते थे। गुजरात में मुख्यमंत्री रहने के दौरान एक सभा में भाषण देते हुए सीएम मोदी ने कहा था कि देश में आज़ादी के साठ वर्ष पूरे होने वाले हैं। सन 2010 में गुजरात भी अपनी स्थापना का 50वाँ वर्ष मनाएगा। किन्तु आज भी मेरी माताओं-बहनों को शौच क्रिया के लिए खुले में जाना पड़ता है। बेचारी बहनें कब अँधेरा हो सारे दिन इसकी प्रतिक्षा करती हैं। कितनी पीड़ा होती होगी? आज के युग में शौच क्रिया के लिए इतना अधिक मानसिक तनाव झेलना पड़ता है, यह कलंक की बात है। यहीं पर मोदी ने नारा दिया था "पहले शौचालय फिर देवालय बने।"

माँ की तकलीफ़ देखने से मिली सीख से मोदी देश और दुनिया बदलने लगे हैं। वड़नगर में माँ हीराबेन ने अपनी छत्र-छाया में अपने सभी बच्चों को गुण और संस्कार से सींचा जो उनके हर बच्चे को जीवन में निष्ठा, शुचिता, शुद्धता की ओर ले

गया। बचपन में मिले संस्कार जीवनभर विद्यमान रहते हैं, तभी नरेन्द्र मोदी ने अपनी पुस्तक "सामूहिक हित का दीप जले: मन की बात" के पृष्ठ संख्या 29 में उद्धृत किया है, 'दूसरों को हराने की चिंता मत करो। आप जहाँ हैं वहाँ से स्वयं को आगे ले जाने के बारे में सोचें। हर दिन स्वयं को अपनी सीमाओं के विरुद्ध परखें ताकि जीवन में चाहे कितनी भी बड़ी चुनौती आए, आपको कोई परेशानी न हो।' माँ की दी सीख से ही नरेन्द्र कठिन रास्तों पर निडरता से चल पाए।

5

नरेन्द्र मोदी का जन्म, स्कूल का प्रारंभ और माँ का प्रभाव

नरेन्द्र मोदी हीरा बा की तीसरी संतान है। बचपन से ही नरेन्द्र माँ के लाड़ले थे... समय बीत रहा था, नरेन्द्र बड़े हो रहे थे... वैसे तो माँ की निगाह सभी बच्चों पर होती थी किन्तु हीरा बा और नरेन्द्र का तालमेल ही कुछ अलग था। जब नरेन्द्र मोदी थोड़े बड़े होने लगे तो माँ को यह एहसास हुआ कि बेटे को स्कूल भेजना चाहिए... इसके लिए माँ हीरा बा ने पति दामोदरदास मोदी को बेटे के स्कूल में दाख़िले के लिए कह दिया। मोदी परिवार संयुक्त परिवार था तो दामोदरदास मोदी ने अपने भाई के बेटे नरसी दास मूलचन्द दास मोदी के साथ नरेन्द्र मोदी का भी दाख़िला वड़नगर के प्राइमरी स्कूल में करवा दिया। आपको यह भी बताना चाहता हूँ कि मोदी परिवार के सभी बच्चों ने अपनी आरंभिक पढ़ाई यहीं से प्रारंभ की थी। नरेन्द्र मोदी ने वड़नगर के प्राइमरी पाठशाला में 1957 से 1964 तक पढ़ाई की... माँ तो हर दिन नरेन्द्र पर नज़र

रखती थी... बेटे की स्कूल में पढ़ाई-लिखाई कैसी चल रही है... क्योंकि उस प्राइमरी पाठशाला में पढ़ाने वाले कुछ टीचर तो वड़नगर में ही रहते थे। उनसे ही बेटे की पढ़ाई और शरारत के बारे में जानकारी मिल जाती थी... मैं जब वड़नगर पहुँचा तो मैं भी उस प्राइमरी स्कूल को देखने के लिए चला गया जहाँ पर हीरा बा हर दिन बेटे को पढ़ने के लिए पाठशाला भेजती थी... यह स्कूल आज भी वैसा ही है जैसा पहले था... आर्कियोलॉजिकल सर्वे ऑफ इंडिया ने इसे अब संरक्षित इमारत घोषित कर दिया है। गेट पार करके स्कूल के आँगन में जब मैंने प्रवेश किया तो मेरे कानों में बच्चों का शोर सुनाई पड़ने लगा। मैं उस कक्षा में पहुँचा जिसमें नरेन्द्र मोदी बैठकर पढ़ा करते थे। उस कक्षा में सीढ़ीनुमा बेंच लगाकर बच्चों को बैठने का इंतज़ाम था। यह दो तलो वाली पुरानी इमारत है... इस पाठशाला के बाहर एक बोर्ड लगा है जिस पर इसके स्थापना का वर्ष 1888 लिखा गया है । वड़नगर में ही रहने वाले नरेन्द्र मोदी को कक्षा तीन में पढ़ाने वाले अध्यापक कन्हैया लाल से मेरी मुलाक़ात उस पाठशाला में ही हो गई, उन्होंने नरेन्द्र मोदी परिवार के साथ ही हीरा बा और बालक नरेन्द्र के बचपन की कई बातें मुझसे साझा की। कन्हैया लाल ने बताया कि बालक नरेन्द्र की एक ख़ास आदत थी कि वह ग़लत बात को स्वीकार नहीं करते थे... माँ हीरा बा तो बेटे को बचपन से यही बात सिखाती थी कि गलत बात स्वीकार नहीं करनी है... न गलत रास्ते पर जाना है। नरेन्द्र के अध्यापक कन्हैया लाल ने यह भी बताया कि बहुत छोटी उम्र में नरेन्द्र की सोच बहुत स्पष्ट थी, मैंने ऐसी सोच के लोग इतनी कम उम्र के किसी में पहले तो नहीं देखा था। उदाहरण के तौर पर उन्होंने कहा कि नरेन्द्र को

समूह की शक्ति का अहसास था... लोगों को इकट्ठा करना उन्हें उस छोटी उम्र में आता था... वड़नगर में ही मुझे नरेन्द्र मोदी के जानने वाले एक और व्यक्ति मिले, जिन्होंने मुझे नरेन्द्र को माँ से मिली सीख और उसे जीवन में कैसे फलीभूत किया जाता है उससे जुड़ा बचपन का क़िस्सा सुनाया। नरेन्द्र के यह वरिष्ठ साथी थे... योगेश भाई, जो अब वड़नगर में ही अपनी औषधालय चलाते हैं। यह नरेन्द्र मोदी से एक साल वरिष्ठ थे... योगेश भाई ने मुझे बताया कि हमारे परिवार और मोदी परिवार के लोगों में अच्छा तालमेल था...कार्य प्रयोजन में हीरा बा के साथ ही वसंती बहन भी योगेश भाई के घर आया-जाया करती थी, योगेश भाई का परिवार भी मोदी परिवार के घर पर आते-जाते रहते थे। योगेश ने बताया कि एक बार चन्द्रशेखर व्यास नाम के अध्यापक ने नरेन्द्र मोदी की कक्षा में पढ़ने वाले छात्र की पिटाई कर दी। उस समय उस कक्षा में पचास के क़रीब बच्चे रहे होंगे... छात्र की पिटाई का असर बालक नरेन्द्र के अबोध मन पर गहरा पड़ा। पूरी कक्षा में ख़ुसर-फ़ुसर चल रही थी कि इन सब लोगों में एक नन्हा-सा बालक बड़े छात्रों से अपनी बात कहने की कोशिश कर रहा था... यह बालक उसी पाठशाला में पढ़ने वाले नरेन्द्र मोदी थे... उन्होंने पूरा घटनाक्रम योगेश भाई और अन्य छात्रों को बताया। यहाँ पर यह भी बताना आवश्यक है कि वड़नगर पाठशाला में ज़्यादातर बच्चे वड़नगर के ही पढ़ते थे... और सभी लोगों का परिवार एक-दूसरे को जानता था... यही कारण था कि बालक नरेन्द्र ने यह बात अपने जानने वाले छात्रों को बताई।

उस समय तय हुआ कि वरिष्ठ छात्रों के साथ मिलकर इस बात की शिकायत प्रधानाध्यापक तक जानी चाहिए... योगेश

ने बताया कि मारने वाले अध्यापक को कक्षा में घुसने नहीं दिया जायेगा... अन्य कक्षाओं के बच्चे भी इसमें शामिल हो गए। प्रधानाध्यापक तक यह बात पहुँच गई। प्रधानाध्यापक महोदय को आकर बच्चों के बीच यह आश्वासन देना पड़ा कि आगे ऐसा कभी नहीं होगा। यह साठ-पैंसठ साल पहले की बात थी परन्तु योगेश शाह उसे ऐसे बता रहे थे मानो कल की बात हो... मैं भी सोच में पड़ गया कि यह कितनी बड़ी बात है कि बहुत छोटी उम्र में ही नरेन्द्र ने सच के लिए हठ की ताक़त को समझ लिया था। बचपन से माँ भी तो यह सिखाती बेटे को सींचती थी कि सच के साथ जीओ... जब मैं हीरा बा से नरेन्द्र मोदी को लेकर बात कर रहा था तो मैंने हीरा बा से पूछा कि नरेन्द्र बचपन में कैसे थे, और अपनी बात वह कैसे मनवा लेते थे... हीरा बा ने जबाब देते हुए कहा कि वो कभी ग़लत करने के बारे में सोचते ही नहीं थे ..अगर सच है तो हर किसी को मानना ही पड़ेगा। मैंने देखा कि यह बात कहते हुए माँ हीरा बा की आँखें चमक रही थी। कमाल का आत्मविश्वास उन आँखों में झलक रहा था... यह विश्वास था... माँ का बेटे को दिए संस्कार का और यह विश्वास था... माँ का बेटे को संघर्ष में तपाकर फौलाद बनाने का। नरेन्द्र का बचपन भी आम लड़कों जैसा ही था लेकिन उनकी सोच आम लड़कों से अलग थी... बचपन से ही नरेन्द्र को खो-खो, कबड्डी, क्रिकेट, पतंगबाज़ी, कुश्ती, तैराकी पसंद था... शारीरिक रूप से मज़बूत होने के लिए घंटों तालाब में तैरना उनका प्रमुख खेल था... हीरा बा को पता था कि बेटा सबको इकट्ठा करने में माहिर है तो घर का कोई बड़ा काम जिसमें कई लोगों के श्रम की आवश्यकता होती थी तो वह काम नरेन्द्र को ही दे दिया जाता था।

जब मैं वड़नगर गया तो मेरे मन में एक बहुत बड़ा प्रश्न था कि दामोदरदास मोदी और हीरा बा की कई संतानें थी लेकिन सब इतने आगे क्यों नहीं बढ़े... पिछले कई वर्षों से देश के प्रधानमंत्री पर लगातार काम करने के कारण मैं यह बात दावे के साथ कह सकता हूँ कि जिसके अन्दर कबिलियत और क्षमता होती है उसे आगे बढ़ने से कोई रोक नहीं सकता। वड़नगर, विसनगर, अहमदाबाद में मैं सैकड़ों लोगों से मिला हूँ। देश के प्रधानमंत्री बनने के पहले के नरेन्द्र मोदी के बारे में मैंने अनेकों बातें की हैं, पता लगाया है, तथ्यों को देखा और उनका परीक्षण किया है लेकिन मुझे कोई भी ऐसा कोई नहीं मिला जिसने परिवार के किसी अन्य सदस्यों की किसी विशेष विशेषता से अवगत कराया हो... हाँ उनके कामकाज के बारे में ज़रूर बताया। एक और महत्वपूर्ण बात कहना चाहता हूँ कि मोदी परिवार ने सभी बच्चों को समान रूप से सुविधा और संसाधन दिए... किसी के लिए कोई अलग से विशेष इंतजाम नहीं किया। किसी भी माता-पिता को इस बात कि पहचान होती ही है कि उसके किस पुत्र या पुत्री में कितनी काबिलियत है... अब मेरे या किसी के भी मन में यह सवाल ज़रूर होगा कि आख़िर मोदी इतना आगे कैसे बढ़े... नरेन्द्र मोदी के जन्म और उनके बड़े होने के दौरान मोदी ने हर दिन कुछ ऐसा अलग किया जिसने परिवार के किसी बड़े सदस्य या स्कूल के किसी अध्यापक या किसी सहपाठी का ध्यान उनकी तरफ़ गया... ऐसे न जाने कितने उदाहरण हैं... तालाब पर नरेन्द्र मोदी जब कपड़ों की धुलाई भी करते तो उसकी विधि अलग होती और गाँव के लोग उसे देखने आते। स्कूल में छात्र के साथ अन्याय हो जाता तो वह समूह की शक्ति का इस्तेमाल करके उस बात को प्रधानाध्यापक तक पहुँचा देते। बिहार में आई बाढ़ के

लिए मेला देखने के लिए मिले पैसे से चाय की दुकान खोलकर और उससे पैसे कमाकर पीड़ितों एवं असहायों को भेज देते... घर में भी बड़ों के सामने अपनी बात को कहने की हिम्मत रखते... इन विशेषताओं ने परिवार में नरेन्द्र को बाक़ी भाई-बहनों से अलग बना दिया था। यही कारण था कि माँ हीराबेन की नज़र अपने विलक्षण बालक पर बचपन से ही विशेष रही।

मेरे मन में एक और सवाल था जिसका जबाब मैं खोज रहा था, वह यह कि नरेन्द्र मोदी के भाई-बहन से पूछा कि माँ सबसे ज़्यादा किसको प्यार करती थी। मुझे दो अलग-अलग उत्तर मिले, नरेन्द्र मोदी के छोटे भाई प्रह्लाद मोदी ने कहा कि माँ तो सभी भाई-बहनों को एक समान प्रेम करती थी, किन्तु छोटी बहन बसंती के अनुसार माँ सबसे ज़्यादा नरेन्द्र भाई को प्रेम करती थी। बहन बसंती ने उसका कारण भी बताया... जब कभी घर में माँ की तबीयत बिगड़ जाती थी तो नरेन्द्र भाई ही माँ की देखभाल करने के साथ सभी भाई-बहनों का भी ध्यान रखते थे और सबको खाना बनाकर भी खिलाते थे। स्वाभाविक है... घर की सफ़ाई और बाक़ी काम का नेतृत्व भी उस समय वही करते होंगे... भले उसमें सभी का सहयोग लेते हों। उन्होंने यह भी बताया कि वैसे तो सभी बेटे-बेटियाँ माँ के लिए दुलारे होते हैं किन्तु नरेन्द्र भाई का माँ के हृदय में एक विशेष स्थान था। पंकज मोदी ने भी नरेन्द्र भाई और माँ के प्रेम का एक क़िस्सा सुनाया। वे बताते हैं कि प्रायः दोपहर के खाने में पूरे परिवार के लिए बाजरे की रोटी के साथ दाल या सब्ज़ी बनाई जाती थी परन्तु यदि कभी मेहमान आ जाते तो उस दिन गेहूँ की रोटी बनाई जाती थी। माँ एक रोटी बनाकर नरेन्द्र भाई के लिए अलग रख देती थी। जब सबकी रोटी बन जाती तब अन्त में उस रोटी को तवे पर छोड़ देती थी। तवे पर रखे

होने के कारण वह रोटी कड़क हो जाती थी। जब भी नरेन्द्र भाई बाहर से आते तो वही रोटी वह चाय में डुबोकर बहुत चाव से खाते थे। यह था बेटे के लिए माँ का प्रेम। प्रह्लाद मोदी ने यह भी बताया कि यदि कोई वह रोटी माँ से माँगता था तो माँ उसे साफ़ मना कर देती थी। माँ और बेटे का यह प्रेम दुनिया ने कई बार देखा है कि कैसे नरेन्द्र मोदी भी अपने व्यस्तम कार्यक्रम में भी माँ से मिलने के लिए समय निकाल ही लेते थे।

जब बेटा-माँ साथ होते हैं तो माँ न जाने कितनी बार बेटे को पुकारती है, खाने को कहती है, पढ़ाई को लेकर चिंता करती है और यदि कोई तकलीफ़ हो तो पूरी रात बेटे के साथ खड़ी नज़र आती है। ऐसी ही होती है माँ। जब वह साथ होती है तो हम यह नहीं सोचते की जब वह साथ नहीं होगी तो दिन कैसा होगा, शायद कोई यह सोचना ही नहीं चाहता है। हम सभी जानते हैं कि जो आया है उसे जाना ही होगा। नरेन्द्र मोदी के जीवन में भी माँ का जाना एक ऐसा ख़ाली स्थान छोड़ गया जो शायद कभी नहीं भरा जा सकता।

माँ के जन्म शताब्दी वर्ष पर पीएम मोदी ने कहा था कि माँ, ये सिर्फ एक शब्द नहीं है, जीवन की वह भावना है जिसमें स्नेह, धैर्य, विश्वास और न जाने कितना कुछ समाया होता है। माँ, सिर्फ हमारा शरीर ही नहीं गढ़ती बल्कि हमारा मन, हमारा व्यक्तित्व, हमारा आत्मविश्वास भी गढ़ती है और अपनी संतान के लिए ऐसा करते हुए वह स्वयं को खपा देती है, अपने-आप को भुला देती है। मोदी आगे कहते हैं, आज मेरे जीवन और व्यक्तित्व में जो कुछ भी अच्छा है, वह माँ और पिता जी की ही देन है। मेरी माँ जितनी सामान्य है, उतनी ही असाधारण भी। ठीक वैसे ही जैसे हर माँ होती है। माँ की तपस्या उसकी संतान को सही इंसान

बनाती है। माँ की ममता उसकी संतान को मानवीय संवेदनाओं से भरती है। माँ एक व्यक्ति ही नहीं बल्कि एक स्वरूप भी है। अभाव की हर कथा से ऊपर माँ की गौरव गाथा होती है। एक माँ की इच्छा शक्ति संघर्ष के हर पल से बहुत ऊपर होती है।

जब नरेन्द्र बड़े हो रहे थे, हर दिन वे माँ हीराबेन को अपना काम स्वयं करते हुए देखते थे। माँ ने बच्चों को अपने काम में हाथ बंटाने के लिए कभी नहीं कहा। नरेन्द्र मोदी ने माँ को लिए लेख में लिखा है कि माँ कभी अपेक्षा नहीं करती थी कि हम भाई-बहन अपनी पढ़ाई छोड़कर उनकी मदद करें। बचपन की मिली सीख व्यक्ति जीवनभर नहीं भूलता है, वह भी जब प्रत्येक दिन विपरीत परिस्थितियों से घिरा हुआ हो। माँ का संघर्ष नरेन्द्र को प्रेरणा और बल देता रहा। माँ हीराबेन और दामोदरदास मोदी ने अपने सभी बच्चों को सामर्थ्य अनुसार शिक्षा देने का पूरा प्रयास किया।

अहमदाबाद में माँ हीराबेन से मेरी मुलाक़ात बहुत लम्बी रही, कई घंटों तक उनके साथ बैठने का सौभाग्य मिला। मैंने माँ से यह जाना कि नरेन्द्र बचपन में कैसे थे। उनके गुण, उनकी विशेषताएँ, उनकी शरारतें... वहाँ माँ के साथ पंकज मोदी भी थे। यह भी समझने कि कोशिश की कि कैसे माँ हीराबेन ने बेटे को बताया, सिखाया व समाज का पाठ पढ़ाया। नरेन्द्र मोदी के अन्दर बचपन से ही नेतृत्व का गुण था, इस बात का आभास किसी को हो या न हो लेकिन माँ को था। घर में अगर कोई बड़ा निर्णय लिया जाता रहा हो या कोई बड़ा काम किया जाता था तो उसमें नरेन्द्र मोदी की राय अवश्य ली जाती थी। नरेन्द्र के ऊपर माँ के अटूट विश्वास ने हमेशा नरेन्द्र को लीक से हटकर सोचने और तप करने के लिए प्रेरणा प्रेरित किया।

6

माँ – नरेन्द्र: बचपन की शरारतें और माँ की सीख

हर माँ-बाप का सपना होता है कि वह अपने बेटे या बेटी को अपनी आँखों के सामने बढ़ते हुए देखें। हीरा बा और दामोदरदास मोदी भी अपने बच्चों को अपने सामने ही बढ़ते हुए देख रहे थे। परिवार को चलाने के लिए हर दिन की जद्दोजहद के बाद भी परिवार एक था। हीरा बा इन सबकी सफलता की सूत्रधार थी। हीरा बा को मैं एक ऐसी शख़्सियत के रूप में देखता हूँ जो कभी न तो संकटों से घबराई और न ही उनके सामने हथियार डाले। सपने तो हम देखते हैं किन्तु उनको पूरा करने के लिए बहुत मेहनत करनी पड़ती है। यह एक दिन या कुछ महीनों का काम नहीं होता है। असाधारण पुरुषार्थ से ही साधारण व्यक्ति असाधारण बन सकते हैं। अफ्रीका के जंगलों की एक कहावत है, जैसे ही सूर्योदय होता है, जंगल के सबसे सुस्त हिरण को भी सबसे फुर्तीले शेर से तेज़ भागना पड़ता है, ताकि वह शाम देख सके। वहीं सबसे

सुस्त शेर को भी हिरण से तेज़ भागना पड़ता है, अन्यथा वह भूख से मर जाएगा। इस सार का तत्व यही है कि आप शेर हो चाहे हिरण, आपको तेज़ भागना ही पड़ेगा। यहाँ पर हीरा बा की दी हुई सीख का परिणाम था कि मुझे नरेन्द्र मोदी बचपन से ही अमेरिकी जॉन गोडार्ड की तरह प्रतीत होते हैं। जॉन गोडार्ड एक एडवेचरर थे। 14-15 साल की उम्र से ही उन्होंने अपने सपनों और लक्ष्यों को एक काग़ज़ पर लिख लिया था... उदाहरण के तौर पर एवरेस्ट पर जाना है, नील नदी तैरकर पार करनी है आदि। ऐसा लिखते-लिखते उन्होंने 57 लक्ष्य लिख लिए। जब साठ साल की उम्र में उन्होंने अपनी डायरी पलटी और वह लक्ष्य वाला पेज खोला तो उसमें चिन्हित करना प्रारंभ किया...तो उन्होंने यह देखना चाहा कि कितने लक्ष्य पूरे किए हैं। वे यह देखकर चौंक गए कि 57 में से 55 लक्ष्य पूरे कर लिए हैं। सपने तो हम सब देखते हैं, लेकिन उसके पीछे मेहनत बहुत करनी पड़ती है, ये एक दिन या कुछ महीनों का काम नहीं है। कठोर परिश्रम का कोई विकल्प नहीं है। नरेन्द्र मोदी की विशेषताएँ बचपन से रही हैं कि लक्ष्य निर्धारित करके काम करना, हर काम की चुनौती को स्वीकार कर बार-बार अभ्यास करना, उस काम को प्रवीणता के साथ अंजाम देना। इसमें कोई शक नहीं कि नरेन्द्र मोदी जिन्हें माँ हीरा बा प्यार से एन डी के नाम से पुकारती थी... वह माँ के सबसे दुलारे थे। आज जब मैं हीरा बा पर लिख रहा हूँ... तो उनकी छवि मेरी आँखों के सामने घूम रही है। उनकी सादगी भव्य थी, मेरी नज़र जब उनकी धोती पर पड़ी... वह चमक रही थी, हीरा बा की तरह ही... हीरा बा जहाँ रहती थी... वह तीन कमरों का छोटा-सा फ़्लैट था, कमाल की सफ़ाई थी... गुजरात के अहमदाबाद में

हीरा बा से मिला था.... हीरा बा अन्दर से निकल कर बाहर आई और कुर्सी पर बैठकर बेटे की अमेरिका यात्रा देखने लगी... मेरी उस छोटे से कमरे में नज़र चारों तरफ़ घूम रही थी। मैंने वहाँ पर एक तरफ़ देखा कि एक बड़ी-सी तस्वीर किसी गेरुआ वस्त्र पहने गुरू जी की लगी है... वहीं टेबल के ऊपर पूरे परिवार की एक छोटी-सी फ्रेम वाली तस्वीर रखी है... हीरा बा जब वड़नगर में रहती थी तब भी सुबह के तड़के चार बजे उठ जाया करती थी और मरते दम तक उनकी ये आदत नहीं बदली। अपनी मृत्यु के समय को भी उन्होंने सुबह ही चुना, जब उन्होंने 3 बजकर 22 मिनट पर आख़िरी साँस ली और दुनिया को अलविदा कहा। माँ के पास अपने प्यारे नरेन्द्र की अनेकों बातें थीं। वह पंकज के माध्यम से सब कुछ बताना चाहती थीं। पंकज मोदी ने माँ हीरा बा के सामने ही बचपन की कई बातें मुझे बताई, जो उन्होंने माँ से समय-समय पर नरेन्द्र भाई के लिए सुन रखी थी। माँ भी यह चाहती थी कि वह सब कुछ अपने प्रिय बेटे के बारे में इस लेखक को बताए। धर्मगुरू वासुदेव जग्गी कहते हैं कि 'चीज कोई भी हो, उसे पाने की आपकी इच्छा सीमा में सिमटी नहीं रहती है। इस तरह आपके अन्दर सदा ही लालसा बनी रहती है, जो आपको प्रेरित करती रहती है कि कुछ और चाहिए, थोड़ा और चाहिए।'

माँ का दिया पहला सबक़

असल में मंज़िल पर पहुँचकर ही ठीक ढंग से विचार किया जा सकता है कि सफ़र कैसा रहा। पीएम नरेन्द्र मोदी ने शर्मिष्ठा तालाब से जुड़ा क़िस्सा अपने मुख से देश के लोगों को कई बार सुनाया है। मैं जब वड़नगर पहुँचा, लगभग हर किसी ने मुझे

क़िस्से को अपने-अपने शब्दों में सुनाया। पीएम मोदी को कुछ हटकर काम करने वाला बताया गया। वड़नगर में मैंने देखा कि नरेन्द्र दामोदरदास मोदी को जानने वाले जितने भी लोगों से मिला, वह चाहे उनके परिवार के सदस्य रहे हो, उनको पढ़ाने वाले अध्यापक रहे या फिर उनके बचपन के मित्र सभी ने एक मत से एक बात कही, वह ये कि वे बाकियों से अलग थे। नरेन्द्र मोदी लोगों को अपने साथ जोड़ने का अद्भुत काम बचपन से जानते थे। तो चलिए, माँ के दिए पहले सबक़ पर आपको लेकर चलता हूँ। हमारी और पंकज मोदी की बातचीत का आरंभ हो चुका था... पंकज जो आज क़िस्से सुना रहे थे, वे उन्होंने माँ से सुन रखे थे... इस क़िस्से को पंकज जब अहमदाबाद के घर पर मुझे सुना रहे थे तो हीरा बा मेरे सामने थी। मैं देख रहा था कि बेटे के पुराने दिनों को जब पंकज बता रहे थे तो माँ कैसे मुस्करा रही थी। उनको वह पुरानी बातें याद आ रही होंगी। यहाँ पर बचपन की शरारत लिख रहाँ हूँ, तो वह छोटा-सा कमरा, वह कुर्सी जिस पर हीरा बा विराजमान थी... पंकज मोदी की कही सारी बातें एक-एक कर याद आती जा रही हैं... मैं भी वड़नगर के शर्मिष्ठा तालाब के इर्दगिर्द ही घूम रहा था। यह बहुत बड़ा तालाब है, अब तो चारों तरफ़ पक्के घाट बना दिए गए हैं लेकिन जब नरेन्द्र मोदी बचपन में तैरने के लिए जाते थे तो तब पत्थर के घाट नहीं हुआ करते थे... चारों तरफ़ बस मिट्टी, झाड़ियाँ और पेड़ नज़र आते रहे होंगे। नरेन्द्र मोदी के तैरने के दौरान फ़िनिशिंग प्वाइंट को याद कर रहा था, जिसे नरेन्द्र मोदी ने न जाने कितनी बार अपने मित्रों से शर्त लगाकर कर जीता होगा। बचपन से ही नरेन्द्र मोदी उन लोगों में से नहीं हैं जो किसी भी लक्ष्य को पाकर संतुष्ट हो जायें।

उनकी विशेषता है कि लक्ष्य प्राप्त करने के बाद भी वे हर दिन विषय का अभ्यास करना नहीं भूलते। यहाँ पर सचिन तेंदुलकर का मैं उदाहरण देना चाहता हूँ, जब उनसे एक पत्रकार ने पूछा कि आपके सफलता का राज क्या है। उन्होंने ने बताया कि मैं न सिर्फ़ क्रिकेट खेलता हूँ बल्कि क्रिकेट को जीता हूँ, खाते, पीते, सोते, जागते मैं हर वक़्त क्रिकेट के बारे में सोचता हूँ। सचिन ने आगे बताया कि दो दशक से ज़्यादा के करियर में एक भी दिन ऐसा नहीं गया होगा, जब सुबह अभ्यास के लिए नेट्स पर न पहुँचा हूँ। नरेन्द्र मोदी की भी ऐसी ही आदत है.. वे जीत के बाद कभी भी निश्चिंत नहीं बैठते, हर दम अभ्यास में लगे रहते हैं... वे बचपन में खेल का मैदान रहा हो या पीएम बनने के बाद जी-20 सम्मेलन। पंकज ने बताया नरेन्द्र भाई शर्मिष्ठा तालाब में घंटों नहाया करते थे, उनके साथ उनके दोस्तों की टोली भी हुआ करती थी। एक दिन की बात है। शर्मिष्ठा तालाब के किनारे मगरमच्छ ने अण्डे दिए थे तो उन अण्डों से जो बच्चे निकले और जब वे थोड़ा बड़े हो गए थे। अबोध और साहसी नरेन्द्र ने देखा कि मगरमच्छ के छोटे-छोटे बच्चे धमाचौकड़ी कर रहे हैं। उन्हें लगा कि ये खेलने के लिए अच्छे साधन हो सकते हैं। उनके मित्रों की टोली जो रोज़ तालाब पर नहाने को दौरान उनका साथ देती थी, उन्होंने भी नरेन्द्र को उत्साहित किया और कहा कि इन बच्चों के साथ खेलने में बहुत आनन्द आएगा। क्यों न इनको घर लेकर चला जाएँ? बालक नरेन्द्र ने मगरमच्छ के एक बच्चे को वहाँ से उठाया और दोस्तों की टोली के साथ घर पर हाज़िर हो गए। अबोध बालक नरेन्द्र उछलते-कूदते मगरमच्छ के बच्चे को लेकर माँ हीरा बा के पास पहुँचे तो माँ ये देखकर अवाक रह गई... पहले तो माँ सोच में पड़ गई

कि बेटे ने ये क्या किया... फिर माँ ने बेटे को अपने पास बिठाकर समझाया कि सोचो मैं तुम्हारी माँ हूँ, अगर कोई मेरे पास से तुमको उठाकर चला जाएगा तो मेरा क्या हाल होगा और मेरे ऊपर क्या गुजरेगी? मेरा तो जीना मुश्किल हो जाएगा। आगे माँ ने कहा कि जिस मगरमच्छ के बच्चे को तुम उठाकर ले आए हो उसकी माँ का तो रो-रो कर बुरा हाल हो रहा होगा। पंकज ने बताया कि माँ कह रही थी... उस समय वड़नगर में बारिश हो रही थी। शर्मिष्ठा तालाब पानी से लबालब भरा हुआ था... लेकिन माँ का आदेश मिल जाने के बाद नरेन्द्र ने एक पल भी गवाँना उचित नहीं समझा। नरेन्द्र अपनी जान की परवाह किए बिना मगरमच्छ के बच्चे को वापस उसी जगह पर छोड़ आएँ। नरेन्द्र मोदी ने अपने ब्लॉग में माँ को लेकर लिखा है... कि माँ की तपस्या ही उसकी संतान को इंसान बनाती है। माँ की ममता संतान को मानवीय संवेदनाओं से भरती है। माँ एक व्यक्ति नहीं है, एक व्यक्तित्व है, माँ एक स्वरूप है, जैसा भक्त वैसा भगवान।

बेटे को दी हुई माँ की सीख

बड़ी कम कहानियाँ मुकम्मल जहां और मुक़ाम पाती है...हर कहानी में मोड़ होता है, भँवर की तरह घुमाव होता है, यह कभी हमारी सोच की तरह सीधी नहीं होती हैं। यह पथरीली और काँटेदार होती है लेकिन इसके बाद भी कहानी बुनी, कही और सुनाई जाती है। कुछ कहानियाँ अमर हो जाती हैं और कुछ रास्ते में ही दम तोड़ देती हैं। वैसे ही हीरा बा की कहानी अमर रहेगी... क्योंकि संघर्ष के बाद जो कहानियाँ बनती या बुनी जाती हैं वे कल के लिए होती हैं और आने

वाले भविष्य का मार्ग दिखाती हैं। बचपन के संघर्ष ने हीरा बा को अपने आस-पास की चीजों का सही उपयोग और इस्तेमाल करने की समझ दी। जब आप ज़िन्दगी में हर दिन कुछ पाने के लिए लड़ते हैं तो उसको बेहतर करने के लिए रोज़ नई बातों को सीखना भी चाहते हैं... नए प्रयोग करना चाहते हैं... हीरा बा ने भी यही किया। पानी बचाने को लेकर माँ के ऐसे प्रयास को प्रधानमंत्री नरेन्द्र मोदी ने कई अवसरों पर बताया होगा। माँ की तरफ़ से बरसात के पानी को सम्भाल कर जतन से इस्तेमाल करते हुए बालक नरेन्द्र ने अपनी खुली आँखों से देखा था। इससे उन्होंने पानी बचाने का सबक़ सीखा होगा। हीरा बा का गाँव में पानी बचाना कोई एक दिन की बात नहीं रही होगी, यह उन्होंने अपने परिवार और बड़ों से सीखा होगा क्योंकि वड़नगर के पास में अनाहिलवाड़ की एक कहानी उस इलाके में बहुत प्रसिद्ध है। यह कहानी चालुक्य वंश की शासक रानी उदयमती की है, जिसे मैनें विक्रम सम्पत की पुस्तक 'ब्रेवहार्ट्स ऑफ भारत' से लिया है। ग्यारहवीं सदी की महीन कारीगरी से जड़ित रानी की वाव, सीढ़ीदार कुआँ, स्मारक के सात तलों की सीढ़ियाँ उतरते हुए किसी समय चक्र के माध्यम से अतीत के गर्भ में पहुँचने का एहसास होता है। चूना पत्थर से निर्मित, 64 मीटर लम्बाई और 27 मीटर गहराई वाला यह भूमिगत जल भंडार मरू-गुर्जर शैली से बना है। 'प्रबन्ध चिन्तामणि' लिखने वाले लेखक मेरूतुंग बताते हैं कि इसे गुजरात के सोलंकी या चालुक्य वंश की रानी उदयमती ने बनवाया था। आमतौर पर राजा अपनी रानियों की याद में ऐसे स्मारक बनवाते थे किन्तु रानी उदयमती ने इसे अपने पति चालुक्य नरेश (942-

1244) की याद में बनवाया था। गुजरात के पाटन कस्बे में यह वाव स्थित है। कस्बे का पुराना नाम अन्हिलपाटन था। पानी बचाने को लेकर यह उस समय का शानदार उदाहरण है। इतिहासकार टर्टियस शैंडलर का अनुमान था कि 1000 ईस्वी के आस-पास अनाहिलवाड दुनिया का दसवाँ सबसे बड़ा शहर था। यहाँ से वड़नगर की दूरी लगभग 60 किमी के आस-पास है। पानी को एकत्र करने का ये उदाहरण गुजरात का ही है, जिसे एक रानी ने कर दिखाया था। कहते तो यही हैं कि हमारे आस-पास जो होता है, हम उसी से हर दिन सीखते हैं। नरेन्द्र मोदी ने माँ को समर्पित लेख में लिखा है कि अपने काम के लिए माँ दूसरों पर कभी निर्भर नहीं रहा करती थी। अपना काम किसी दूसरे से करवाना नहीं पसंद करती थी। मोदी आगे लिखते हैं, कि मुझे याद है, वड़नगर वाले मिट्टी के घर में बारिश के मौसम में कितनी दिक्कत होती थीं। लेकिन माँ की कोशिश होती थी कि दिक्कतें कम हो... हमारा घर इतना पुराना हो गया था कि उसकी छत तेज बारिश सह नहीं पाती थी। बारिश में हमारे घर में यहाँ-वहाँ से पानी टपकता रहता था। घर में पानी भर न जाए, घर की दीवारों को नुकसान न पहुँचे, इसलिए माँ जमीन पर बर्तन रख देती थी... छत से टपकता हुआ पानी उसमें इकट्ठा होता रहता था। उन पलों में भी मैंने माँ को परेशान और खुद को कोसते हुए नहीं देखा। आप यह जानकर हैरान हो जायेंगे कि बाद में उसी पानी को माँ घर के काम के लिए अगले 2-3 दिन इस्तेमाल किया करती थी... जल संरक्षण का इससे अच्छा उदाहरण क्या हो सकता है।

ये हीरा बा की सीख तो परिवार और अपने बच्चों के लिए थी... किन्तु उनका आज के जीवन में यह संदेश सभी के लिए मायने रखता है। ये आँकड़े इस पुस्तक में इस आशा से डाल रहा हूँ कि अगर आप इसे पढ़े तो आप भी अपने आस-पास या ख़ुद को बदल सकेंगे किसी को कुछ सिखा या बता सकेंगे कि आख़िर पानी हमारे लिए इतना अहम क्यों है।

पहले देश में 16.4 प्रतिशत लोग पेयजल से वंचित हुआ करते थे, लेकिन वैश्विक बहुआयामी गरीबी सूचकांक (एम पी आई) रिपोर्ट कहती है कि अब यह आँकड़ा केवल 2.7 प्रतिशत ही रह गया है।

बचपन में माँ की सिखाई बातें कितनी अहम होती हैं... बचपन में बालक नरेन्द्र मोदी ने देखा था कि माँ को कुएँ से दिन में कितनी बार पानी लेने के लिए जाना पड़ता था। घर के ज़्यादातर कपड़े तालाब पर ही धुलते थे, तभी तो नरेन्द्र मोदी ने सीएम या पीएम बनने के बाद भी इस सबक़ को याद रखा। पानी को बचाने के लिए नरेन्द्र मोदी जब संघ में कार्यकर्त्ता के तौर पर काम करते थे तभी से उनका प्रयास होता था कि जल की एक बूँद बर्बाद न होने पाए। संगठन महामंत्री के तौर पर गुजरात में बीजेपी का नगर निगम का चुनाव जीत के बाद नरेन्द्र भाई ने निगम के लोगों को पानी बचाने को लेकर अनेक सुझाव दिए होंगे... जैसे आप देखें तो शहर में तालाबों को विलुप्त होने से बचाना प्रमुख था। गुजरात का सीएम बनने के बाद नरेन्द्र मोदी ने गाँवों में पानी बचाने को लेकर अनेक योजनाओं का आरंभ किया, जो बचपन में माँ से मिली सीख का ही तो परिणाम था। देश के प्रधानमंत्री के तौर पर भी नरेन्द्र मोदी ने बचपन में माँ से सीखा पानी बचाने के काम को पूरे देश

में विस्तार दिया, तभी तो मोदी कहते हैं कि “जल भी ईश्वर का प्रसाद है। यदि पानी की एक बूँद भी बर्बाद हो जाए, तो हमें पश्चाताप और दुख महसूस होना चाहिए। जल भंडारण, जल संरक्षण और उचित जल सिंचाई, सभी समान महत्व के हैं।” मार्च 2016 के आरंभ में प्रधानमंत्री नरेन्द्र मोदी ने पाँच लाख तालाबों और कृषि जलाशयों के निर्माण के सरकार के फ़ैसले की घोषणा की थी। प्रधानमंत्री ने उस समय ज़ोर देकर कहा था कि प्रत्येक गाँव को पानी बचाना चाहिए। प्रधानमंत्री ने ये “मन की बात” कार्यक्रम में चर्चा करते हुए कहा था कि गुजरात और आन्ध्र प्रदेश ने जल संरक्षण में तकनीक का भरपूर इस्तेमाल किया है।

प्रधानमंत्री नरेन्द्र मोदी ने माँ से मिली सीख... पानी हर हाल में बचाना है... उदाहरण के तौर पर नरेन्द्र मोदी ने पानी बचाने के लिए जलयुक्त शिविर का उल्लेख किया जो महाराष्ट्र में चल रहा है। छत्तीसगढ़ में लोक सूरज और जल सूरज अभियान, मध्य प्रदेश में कपिल धारा कूप योजना और बलराम तालाब योजना के तहत 22,000 हज़ार तालाब खोदे गए। उत्तर प्रदेश में जल बचाओ अभियान, कर्नाटक में कुओं को बचाने के लिए कल्याणी योजना के तहत कुओं को बचाया जा रहा है। राजस्थान और गुजरात में कई प्राचीन बावड़ियाँ, गहरे टैंक और चिनाई वाले कुएँ हैं, जिनमें पानी के नीचे तक सीढ़ियाँ जाती है। प्रधानमंत्री ने समय-समय पर पानी बचाने के अभियान की चर्चा की और उन्होंने ‘मन की बात’ कार्यक्रम में नाग नदी की चर्चा भी की। जहाँ पर नदी को पुर्नजीवित करने के लिए 20,000 महिलाएँ साथ आई, वहीं मोदी ने एक और उदाहरण दिया कि अगर आप बापू की जन्मस्थली पोरबंदर

जाएँ तो वहाँ पूज्य बापू के घर के पीछे एक घर है, जहाँ पर 200 साल पुराना पानी का जल प्रपात आज भी है जो अभी भी पानी को एकत्र करने में सक्षम है।

यह सब तो माँ से ही मिली प्रेरणा का परिणाम है। हीरा बा की तकलीफ़ को बेटे ने हमेशा महसूस किया। गर्मी के दिनों में दूर से पानी लेकर आना किसी की भी जान निकाल दे, यही कारण है कि पूरे देश में 'हर घर नल योजना' को अंतिम रूप दिया जा रहा है। अब किसी हीरा बा को नंगे पैर घर से पानी लेने के लिए दूर नहीं जाना पड़ेगा।

तभी तो प्रधानमंत्री ने कहा है कि 'पानीयं परमं लोके जीवानां जीवनं समृतम्', यानि संसार में जल ही हर जीव के लिए जीवन का आधार है और जल ही सबसे बड़ा संसाधन भी है। इसलिए हमारे पूर्वजों ने जल संरक्षण पर ज़ोर दिया। वेदों से लेकर पुराणों तक हर जगह पानी बचाने पर ज़ोर दिया गया है।

माँ ने ही बताया प्रकृति उपहार है, इसे बेहतर इस्तेमाल करें

मैंने अपनी माँ को प्रकृति से मिले उपहार का सबसे बेहतर इस्तेमाल करते हुए पाया है। माँ को घर साफ़ रखने और सजाने का शौक़ था। घर सुन्दर और साफ़ दिखे, इसके लिए वह दिन भर लगी रहती थी। वह घर के भीतर की ज़मीन गोबर से लीपती थी। मोदी आगे लिखते हैं कि आप लोगों को पता होगा, जब उपले या गोबर के कंडे में आग लगाओ तो कई बार शुरू में बहुत धुआँ होता है। माँ बिना खिड़की वाले घर में उपले पर ही खाना बनाती थी। घर के भीतर की दीवारें बहुत जल्द काली हो जाती थीं तो कुछ हफ़्तों में माँ उन

दीवारों की पुताई कर देती थी। इससे घर में नयापन-सा आ जाता था। मोदी ने आगे लिखा है कि माँ मिट्टी की बहुत सुन्दर कटोरियाँ बनाया करती थी और उन्हें घर में सजाया करती थी। पुरानी चीजों का पुनर्नवीनीकरण करने में हम भारतीयों की जो आदत है, माँ उसमें पूर्ण सक्षम थी।

नरेन्द्र मोदी ने आगे अपने लेख में माँ की एक और आदत या सीख को लेकर बताया है कि माँ का एक अनोखा तरीक़ा मुझे याद है। वह अक्सर पुराने काग़ज़ों को भिगोकर, उसके साथ इमली के बीज पीसकर बिल्कुल गोंद की तरह पेस्ट जैसा बना लेती थी। इस पेस्ट की मदद से दीवारों पर शीशे के टुकड़े चिपकाकर बहुत सुन्दर चित्र बनाया करती थी।

नरेन्द्र मोदी के पास माँ को लेकर कई बातें हैं। आगे अपने लेख में नरेन्द्र मोदी ने लिखा है कि साफ़-सफ़ाई को लेकर माँ कितनी सतर्क रहती थी, ये तो मैं आज भी देखता हूँ... जब भी मैं गाँधीनगर जाता हूँ तो माँ अपने हाथ से मिठाई खिलाती थी। मिठाई खिलाने के बाद जैसे एक माँ अपने छोटे बच्चे का मुँह पर लगा सब कुछ साफ़ कर देती थी, माँ आज भी मेरे साथ वैसा ही करती थी। माँ अपनी साड़ी में हमेशा तौलिया या रुमाल लटकाकर रखती थी। नरेन्द्र मोदी ने आगे लिखा है कि माँ के सफ़ाई प्रेम के बहुत से क़िस्से हैं... माँ की एक और ख़ास बात रही जो मुझे याद है कि जो साफ़-सफ़ाई का काम करता है माँ उसे बहुत मान देती थी। मोदी ने आगे लिखा है कि मुझे याद है, वड़नगर में हमारे घर के पास जो नाली थी उसकी सफ़ाई के लिए कोई आता था तो माँ बिना चाय पिलाएँ उसे जाने नहीं देती थी। बाद में सफ़ाई वाले भी समझ गए थे कि अगर काम के बाद चाय

पीनी है तो वह केवल हमारे घर पर ही मिलेगी। गौतमबुद्ध कहते हैं कि "जो व्यक्ति थोड़े में खुश रहता है, सबसे अधिक ख़ुशी उसी के पास होती है।"

नरेंद्र को पिता की आज्ञाप्राप्ति

नरेन्द्र मोदी ने माँ के लिए लिखे अपने ब्लॉग में कहा है कि मेरे जीवन में आज जो कुछ भी अच्छा है, वह माँ और पिता जी की देन है... नरेन्द्र मोदी ने आगे पिता जी के बारे में ब्लॉग में लिखा है कि कोई भी मौसम हो... गर्मी हो... बारिश हो... पिताजी सुबह चार बजे ही उठ जाया करते थे। आस-पास के लोग पिता जी के कदमों की आवाज़ से जान जाया करते थे कि 4 बज गए हैं, दामोदर काका जा रहे हैं। घर से निकलकर मंदिर जाना और प्रभु के दर्शन करना उनकी नित्य क्रिया में शामिल था। फ्रेंच फ़िलोसफ़र 'फ्रेंच काफ़्का' कहते हैं कि 'भक्ति आकर्षणी है... जो मनुष्य को खींच कर प्रभु के निकट ले जाती है।' सत्य को जानना आसान नहीं होता। उसे देखने के लिए उसकी गहराई में उतरना होता है। उदाहरण के तौर पर जब कोई व्यक्ति एक स्विमिंग पूल में काँपते हुए स्प्रिंग बोर्ड से गहरा गोता लगाने का साहस करता है, अपनी साँसों से लड़ते हुए और फिर हँसते हुए ऊपर आता है... तब बाहर की दुनिया उसे ज़्यादा चमकदार दिखने लगती है। सत्य को जानने का रास्ता भगवान दिखा सकते हैं, परन्तु उस पर चलना ख़ुद ही पड़ता है। दामोदरदास मोदी ने भी बालक नरेन्द्र को मंज़िल पर चलने का रास्ता दिखाया था, वे चाहते थे कि बचपन की मिली हुई सीख हमेशा आगे काम आती है। पंकज ने बताया कि पिता जी ने बचपन में नरेन्द्र भाई को एक बहुत अहम काम सौंप रखा था, वह शर्मिष्ठा

तालाब से जुड़ा हुआ था। नरेन्द्र मोदी हर दिन वड़नगर में दोस्तों के साथ घंटों नहाया करते थे। उनके घर पर आने का कोई समय तय नहीं रहता था। पिता जी ने विचार किया कि नरेन्द्र को गाय सेवा की ज़िम्मेदारी क्यों न दे दी जाए। पंकज ने बताया कि इसके बाद पिता जी ने नरेन्द्र भाई को गाय नहलाकर घर ले आने की जिम्मेदारी सौंप दी। बालक नरेन्द्र मोदी ने जी-जान लगाकर इसका पालन किया। इस तरह से बालक नरेन्द्र बचपन में ही गौ सेवक बन गए थे।

नरेन्द्र मोदी ने अपने ब्लॉग पर लिखा, "हमारे घर के आस-पास जब भी कोई साधु संत आते थे तो माँ उन्हें घर बुलाकर भोजन अवश्य कराती थी...जब वे जाने लगते थे , तो माँ अपने लिए नहीं बल्कि हम भाई-बहनों के लिए आशीर्वाद माँगती थी... "मेरी संतानों को आशीर्वाद दीजिए कि वे दूसरों के सुख में सुख देखें और दूसरे के दुख में दुख... मेरे बच्चों में भक्ति और सेवा भाव पैदा हो, उन्हें ऐसा आशीर्वाद दीजिए।"

माँ और पिता की सीख और संघर्ष ने नरेन्द्र में बचपन से ही दूसरों की सेवा करने का ऐसा भाव भर दिया, जिसने उन्हें हमेशा समाज के लिए कुछ अलग करने की प्रेरणा दी।

हीरा बा एक माँ के तौर पर नरेन्द्र के लिए अनमोल थी... नरेन्द्र बड़े होते गए इस दौरान वह माँ से दूर भी होते रहे... माँ और बेटे की दूरी ने माँ-बेटे में अटूट बन्धन बना दिया। सच कहूँ तो माँ भगवान होती है। 2024 को 'अमर उजाला' में छपी एक कहानी सभी को प्रेरणा देती है, वह यह भी बताती है कि माँ का दर्जा भगवान से भी बड़ा होता है। अमेरिका के शहर डेट्रायट में एडवर्ड नाम का एक लड़का रहता था। उसके पिता की मृत्यु हो गई थी। माँ एंजिला लोगों के घरों में काम करके अपना और

एडवर्ड का गुज़ारा करती थी। एडवर्ड शर्मीले स्वभाव का था। एक दिन स्कूल से लौटकर उसने स्कूल से मिला एक पत्र माँ को पकड़ा दिया और माँ से कहा कि यह पत्र शिक्षक ने भेजा है। एडवर्ड ने माँ से पूछा, इसमें क्या लिखा है? पत्र में लिखा सच माँ छिपा गई। माँ एंजिला ने कहा, बेटा इसमें लिखा है कि एडवर्ड बहुत होशियार है और हमारे यहाँ इसे पढ़ाने लायक़ शिक्षक नहीं हैं, इसलिए इसे किसी और स्कूल में भेजें। एडवर्ड स्कूल बँटने से दुखी तो हुआ लेकिन उसका मन आत्मविश्वास से भर उठा। माँ ने उसका दाख़िला दूसरे स्कूल में करवा दिया। एडवर्ड ने खूब मेहनत से पढ़ाई की और सफल उद्यमी बन गया। एडवर्ड की माँ एक दिन बीमारी के कारण चल बसी। माँ के चले जाने के बाद एडवर्ड जब पुरानी चीजों को खंगाल रहा था तब उसे उस बक्से में से स्कूल का वह पत्र मिला,यह वही पत्र था जो शिक्षक ने उसे दिया था। इस पत्र में लिखा था कि स्कूल की फ़ीस में बढ़ोत्तरी की जा रही है... आपके परिवार की आर्थिक हालत ऐसी नहीं है कि आप अपने बच्चे को इस स्कूल में पढ़ा पाएँ... इसलिए आप अपने बच्चे का दाख़िला कहीं और करवा लें। इस पत्र को पढ़ने के बाद एडवर्ड को अपनी माँ के परिश्रम और त्याग का एहसास हुआ। उसकी माँ ने कैसे अपनी तपस्या के बलबूते बेटे की ज़िन्दगी बदल दी। उसके मुँह से बस यही निकला कि ईश्वर के होने का बस एक ही प्रमाण है कि हर व्यक्ति के पास माँ है।

7
देवी-देवता, श्रद्धा और विश्वास

नरेन्द्र मोदी बताते हैं, 'ईश्वर पर माँ की अगाध आस्था है लेकिन वह अंधविश्वास से कोसों दूर रहती है। हमारे घर को उन्होंने हमेशा अंधविश्वास से बचाकर रखा। वह शुरू से कबीर पंथी रही और आज भी उसी परंपरा से पूजा-पाठ करती है।' मोदी अपने ब्लॉग में आगे लिखते हैं, 'माँ को माला जपने की आदत-सी पड़ गई है, उनकी नींद के लिए माला को छिपाना पड़ जाता है।'

'एक बार हमारे घर के पास गिरी महादेव मंदिर में एक महात्मा जी आए हुए थे। वे हाथ में ज्वार उगाकर तपस्या कर रहे थे। मैं बड़े मन से उनकी सेवा में जुटा हुआ था। उसी दौरान मेरी माँ की बहन यानि मेरी मौसी की शादी थी। परिवार में सबको मामा के घर जाना था, इसलिए माँ भी बहुत उत्साह में थी। सब अपनी तैयारी में जुटे थे, लेकिन मैंने माँ के पास जाकर कहा कि मैं मौसी की शादी में नहीं जाना चाहता। जब माँ ने कारण पूछा तो मैंने उन्हें महात्मा जी वाली बात बताई। माँ को दुख तो हुआ लेकिन उन्होंने मेरी बात का आदर किया। माँ तो हर धर्म के

देवी-देवताओं को मानती थी, उनकी उपासना करती थी। वह नवरात्री के समय शक्ति की उपासना, हर दिन पूजा-पाठ और हवन करना नहीं भूलती थी।' ये गुण बेटे नरेन्द्र में बचपन से ही विद्यमान थे। वे साधू-सन्यासी हो या फकीर सभी धर्मों के अनुयायियों को सम्मान देने से नहीं चूकते।

नरेन्द्र मोदी आगे लिखते हैं, 'माँ समय की पाबंद थी। वह सुबह 4 बजे उठकर ही बहुत सारे काम निपटा लिया करती थी। गेहूँ पीसना हो या चावल-दाल बीनना, सारे काम वह स्वयं ही करती थी। नरसी मेहता जी का एक प्रसिद्ध भजन, है "जल कमल छांडी जाने वाला, स्वामी अमारो जागशे" और एक लोरी भी है, "शिवाजी नु हालरडु", माँ ये दोनों बहुत गुनगुनाती थी। माँ हीराबेन की भगवान में अपार श्रद्धा थी। उसका बहुत प्रभाव बचपन से ही नरेन्द्र मोदी पर पड़ा। जिस घर में महापुरुषों के भजन सुनाई दें, ऐसे में ये लाज़मी है कि उसका प्रभाव बच्चों पर पड़ेगा। बचपन से ही नरेन्द्र को महापुरुषों की कहानी सुनने और पढ़ने को मिली। नरेन्द्र मोदी नाटकों में भी उस चरित्र को करना पसंद करते थे जिसमें नेतृत्व और वीरता कूट-कूट कर भरी हो। इसे पोषित और विकसित करने में हीरा बा ने अहम भूमिका निभाई, जिससे नरेन्द्र के अन्दर बचपन से ही नेतृत्व के गुण देखने को मिलते हैं।

'माँ में एक बहुत बड़ा गुण था—प्रत्येक जीव पर दया करना जो। उनके आचरण में झलकता था। गर्मी के दिनों में पक्षियों के लिए वह मिट्टी के बर्तन में दाना और पानी जरूर रखती थी।' हाल ही में देश के गृहमंत्री अमित शाह जी ने देश के लोगों को एक रोचक बात बताई। देश के प्रधानमंत्री नरेन्द्र मोदी लोक कल्याण मार्ग, प्रधानमंत्री निवास में एक बहुत महत्वपूर्ण बैठक ले रहे थे, जिसमें कई महत्वपूर्ण लोग शामिल थे। इस बैठक में

देश के गृहमंत्री अमित शाह भी भाग ले रहे थे। अमित शाह ने बताया कि बैठक चल ही रही थी कि एक मोर बैठक स्थल हॉल में लगे शीशे पर ज़ोर-ज़ोर से अपनी चोंच टकराने लगा। पहले तो किसी का ध्यान नहीं गया लेकिन जैसे ही देश के प्रधानमंत्री नरेन्द्र मोदी की नज़र उस पर पड़ी तो उन्होंने तुरन्त बैठक थोड़ी देर के लिए रोक दी। 'अरे! बैठक के कारण मैं इनको खाना और पानी देना भूल गया था।' यह बात तो साधारण है परन्तु इसे मैं असाधारण इसलिए कहता हूँ कि देश का प्रधानमंत्री स्वयं अपने हाथों से उस मोर को प्रतिदिन खाना-पानी देते हैं। उनके दिल्ली से बाहर रहने पर भले ही यह काम कोई और देखता हो। बचपन में माँ भी तो ऐसा ही करती थी, वही सीख आज तक बेटे में वैसे ही विद्यमान है।

मोदी ने माँ को लिखे लेख में कहा, 'मेरे घर के आस-पास जो गली के कुत्ते थे वे भूखे न रहें, माँ इसका भी ध्यान रखती थी। हमारे घर पर मोहल्ले की गायों का भी अधिकार था। हर दिन माँ नियम से गौ माता को रोटी खिलाती थी। सूखी रोटी नहीं, हमेशा घी लगी रोटी देती थी। घर पर जब कोई साधु संत आते थे तो माँ उन्हें भोजन अवश्य कराती थी और जब वे जाने लगते तो माँ अपने लिए नहीं बल्कि हम भाई-बहनों के लिए कहती, "मेरी संतानों को आशीर्वाद दीजिए कि वे दूसरों के सुख में सुख देखें और उनके दुख में दुख। मेरे बच्चों में सदैव भक्ति और सेवा भाव बना रहे।" यह आशीर्वाद माँगती थी माँ।'

माँ हीराबेन से बातचीत के दौरान उन्होंने मुझे ये तो बताया था कि ईश्वर की उनके परिवार पर बड़ी कृपा रही है। नरेन्द्र मोदी ने माँ हीराबेन के केदारनाथ और बद्रीनाथ के दर्शन पर जाने का

भी ज़िक्र किया है। माँ हीराबेन जब केदारनाथ और बद्रीनाथ दर्शन के लिए गई थी तो एकाएक ठंड बहुत बढ़ गई थी और उनके पास ठंड से बचने के लिए पर्याप्त कपड़े भी नहीं थे। जब नरेन्द्र ने वहाँ पर संघ में साथ काम किए मित्रों को यह जानकारी दी तो कई लोग वहाँ पर माँ की सेवा के लिए तुरंत आ पहुँचे। माँ को लगा कि नरेन्द्र कुछ बढ़िया काम कर रहे हैं इसी कारण ये लोग आए हैं। माँ हीराबेन बहुत नियम से चतुर्मास भी किया करती थी। नरेन्द्र मोदी लिखते हैं, '2017 की बात है, जब मैं यूपी चुनाव के अंतिम दिनों में काशी में था। वहाँ से अहमदाबाद गया तो माँ के लिए काशी से प्रसाद लेकर गया था। माँ ने पूछा कि क्या काशी विश्वनाथ महादेव के दर्शन किए? माँ पूरा ही नाम लेती है—काशी विश्वनाथ महादेव। बातचीत में माँ ने पूछा कि क्या काशी विश्वनाथ महादेव के मंदिर तक जाने का रास्ता अब भी वैसा ही है। ऐसा लगता है कि किसी के घर में मंदिर बना हुआ है। जब मैंने हैरान होकर उनसे पूछा कि आप कब गई थी, तो माँ ने बताया कि बहुत वर्ष पहले गई थी। पूरा मोदी परिवार धार्मिक था, हर किसी के मन में भगवान को लेकर आस्था थी।

महाकवि जयशंकर प्रसाद लिखते हैं, "जहाँ हमारी सुन्दर कल्पना आदर्श का नीड़ बनाकर विश्राम करती है, वहीं स्वर्ग है। वहीं विहार का और प्रेम का स्थल स्वर्ग है। वह इसी लोक में मिलता है। जिसे वह नहीं मिला वह इस संसार में अभागा है।"

विद्वान लाओत्से कहते हैं, "न तो स्वर्ग और न ही पृथ्वी की कोई पूर्व-कल्पना है। बुद्धिमान व्यक्ति कोई भेद नहीं जानता, वह सभी मनुष्यों को पवित्र उपयोग के लिए बनी वस्तुओं के रूप में देखता है। आकाशीय पिंड में कुछ भी ठोस नहीं है पर यह किसी

भी समय ढहता नहीं है। आत्म संयम से बेहतर कुछ भी नहीं है। नदी की तरह आत्मा भी कभी नहीं सूखती है। इसी प्रकार बुद्धिमान व्यक्ति जो स्वयं के प्रति उदासीन होता है, मनुष्यों में वही सबसे महान होता है। वह स्वयं की कोई परवाह नहीं करता है।

नरेन्द्र मोदी के अन्दर परोपकार करने के गुण बचपन से ही विद्यमान थे। यह सब गुण तो मोदी ने माँ से ही तो सीखे थे। यह कितनी विलक्षण बात है कि अगर किसी बालक को मेला देखने के लिए पैसा दिया जाए और वह उसे परोपकार पर खर्च कर दे। यह वाक़ई आपको दूसरों से अलग बना देता है। नरेन्द्र मोदी के परिवार में हर वर्ष बड़े त्योहार पर जब बड़ा मेला लगता था तो परिवार के सभी सदस्यों को मेला देखने के लिए दस से पच्चीस पैसे तक मिलते थे। पंकज मोदी ने माँ हीरा बा के समक्ष बताया कि यह उन दिनों की बात थी जब बिहार राज्य में बहुत विकराल बाढ़ आई थी जन-धन की बहुत हानि हुई थी। बालक नरेन्द्र मोदी को भी यह जानकारी थी कि बिहार में आई बाढ़ के लिए हर कोई कुछ न कुछ राशि भेज रहा था। बालक नरेन्द्र ने तुरंत अपने मित्रों के साथ योजना बनाई। नरेन्द्र मोदी के बाल सखा ईश्वर भाई पटेल ने बताया कि हम सब लोगों को जो मेला देखने के लिए घर से पैसा मिला था, उसे एक जगह पर इकट्ठा किया और इस योजना को बनाने में लग गए कि हमें बिहार में बाढ़ पीड़ितों की मदद को अंजाम देना है। ईश्वर भाई ने बताया कि हम लोगों ने मेले में चाय बेचने का फ़ैसला किया। इसकी कमान नरेन्द्र मोदी सम्भाल रहे थे क्योंकि नरेन्द्र ही सबसे अच्छी चाय बनाना जानते थे। इसका कारण यह था कि पिता के साथ स्टॉल पर काम करने से उन्हें यह पता हो लिया था कि कितनी आँच पर चाय को कितनी देर तक पकाना

है। मेले में चाय की दुकान खुल गई इसके लिए एक स्टोव, एक बड़े पतीले के साथ ही चाय बनाने का सब सामान हमने जुटा लिया। यह सब सामान हम लोगों ने अपने घर से लाने का काम किया था। मेले में चाय बनने लगी और हम सभी दोस्तों ने उसे केतली में भरकर बेचने लगे, इससे हम सब लोगों को बहुत अच्छी आमदनी हुई और नरेन्द्र मोदी की पूरी टीम ने इससे सवा सौ रुपए जुटाकर डॉ. बसंत पारिख को दिया जो बिहार में आई बाढ़ के दौरान वड़नगर के आस-पास से राहत सामग्री ले जाने का काम कर रहे थे। छोटी उम्र में नेतृत्व का यह बहुत बड़ा उदाहरण है जो नरेन्द्र ने माँ से ही सीखा कि हर मुसीबत में रहने वालों की मदद करो।

कहते हैं कि भगवान की कोई सीमा नहीं होती है। जो कुछ भी इस सृष्टि में है उसी से उत्पन्न हुआ है। ईश्वर का न कोई रूप है, न कोई आकार, न कोई आदि है और न अंत। सभी जीव-जन्तु, नदी, पहाड़ आदि इसी से उत्पन्न हुए हैं।

8

पिता से सीखा धर्मनिरपेक्षता का पाठ

प्रधानमंत्री नरेन्द्र मोदी ने अलीगढ़ की एक रैली में बचपन की एक कहानी सुनाई थी। मोदी कहते हैं, 'क़रीब 55-60 वर्ष पहले की बात है। अलीगढ़ में बनने वाले तालों को बेचने सेल्समैन मेरे गाँव (वड़नगर) आते थे। मुझे आज भी याद है कि वे काली जैकेट पहनते थे। सेल्समैन के नाते दुकानों में वे ताले रखकर चले जाते थे और तीन महीने के बाद आकर पैसे ले जाते थे। वे लोग गाँव के अग़ल-बग़ल के व्यापारियों के पास भी जाते थे और उन्हें भी ताले देते थे। मेरे पिता जी से उनकी बड़ी अच्छी दोस्ती थी। जब भी वह आते थे तो हमारे गाँव में पाँच-छ: दिन जरूर रुकते थे। दिनभर जो पैसे वसूल करके लाते थे उन्हें मेरे पिता जी के पास छोड़ देते थे। मेरे पिता जी उन पैसों को संभालते थे। 4-6 दिन बाद जब वे गाँव छोड़कर जाते थे तो मेरे पिता जी से सारे पैसे लेकर ट्रेन से निकल जाते। बचपन में मैंने यह सुना और अपनी आँखों से देखा।' बचपन में हर कोई दुनिया के ढकोसलों

से अंजान होता है। कोमल हृदय में यदि कोई बात घर कर लेती है तो जीवनभर मार्गदर्शन करती है। बचपन की सीख हमें अच्छे-बुरे की पहचान करना सिखाती है, सही रास्ता दिखाती है और मंज़िल की ओर ले जाती है। नरेन्द्र ने बचपन से ही समरसता और धर्मनिरपेक्षता का पाठ अपने पिता से सीख लिया था।

माँ हीराबेन की याद में पीएमओ की बेबसाइट पर एक वीडियो अपलोड किया गया है जो माँ-बेटे की कहानी बयान करता है। इसमें शब्दों को बहुत सुंदरता से पिरोया गया है। इस वीडियो में मोदी कहते हैं, 'पूज्य माँ! आप और मैं आशीर्वाद की डोर से बंधे हैं। जैसे विशाल अंतरिक्ष में एक डोर अपने अंतरिक्ष यात्री को स्वयं से बाँध कर रखती है, उसे खोने नहीं देती है। मेरे लिए ऐसी ही डोर है आपका आशीर्वाद। आपके आशीष के समान ही आपके संस्कार भी हमेशा रहे, कभी रक्षक बनकर तो कभी मार्गदर्शक बनकर।'

नरेन्द्र मोदी के परिवार में बचपन से ही भाईचारे का पाठ पढ़ाया गया था। वड़नगर की हर गली और कोने में नरेन्द्र मोदी के अनेकों किस्से हैं लेकिन जब मैं अहमदाबाद में पंकज मोदी से मिला तो उन्होंने माँ और पिता का बचपन में पढ़ाया गया भाईचारा और धर्मनिरपेक्षता की वास्तविकता बताई।

ख़लील जिब्रान कहते हैं, 'ऐसे भी लोग हैं जिनके पास थोड़ा है और वे सारा का सारा दे डालते हैं। ये जीवन और जीवन की सम्पन्नता में आस्था रखने वाले लोग हैं और इनका भंडार कभी ख़ाली नहीं होता है।'

मोदी परिवार भी ऐसा ही था। उनके पास अभाव था किन्तु संतोष भी था, क्योंकि परिवार के मुखिया की सोच स्पष्ट थी। पंकज मोदी ने एक किस्सा सुनाया, 'वड़नगर के पास ही

माँ हमेशा बनी रही बेटे नरेंद्र की प्रेरणा

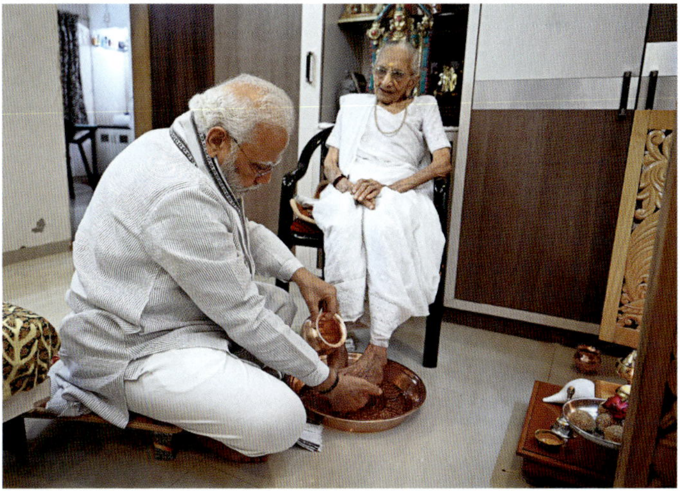

नरेंद्र के लिए हमेशा पूजनीय रही माँ

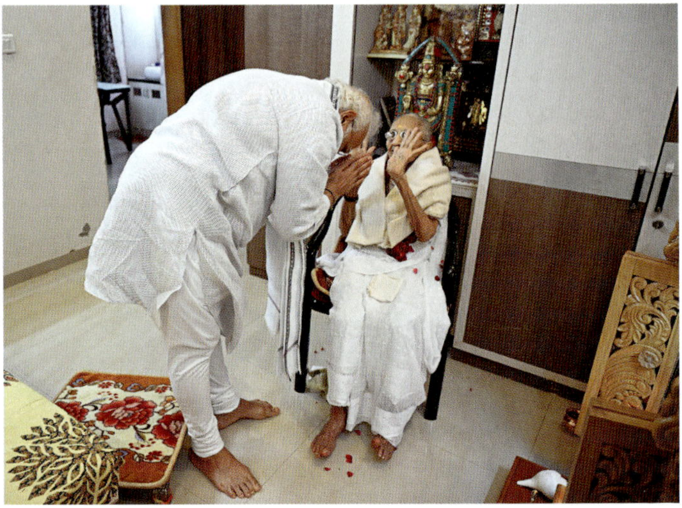

माँ का बेटे को हमेशा रहा आशीर्वाद

प्रधानमंत्री आवास में बेटे के साथ माँ

प्रकृति के साथ माँ और बेटे

बेटे को हमेशा रही माँ की चिंता

माँ ने हमेशा दिया बेटे का साथ

माँ जैसा कोई नहीं

कैसिनपा नामक गाँव था। वहाँ मियाँ भाई का परिवार अपने बच्चों के साथ रहता था। मियाँ भाई के बेटे का नाम अब्बास था। कैसिनपा में केवल कक्षा 7 तक की पढ़ाई का साधन था। एक दिन मियाँ भाई कैसिनपा से मेरी माँ हीराबेन और पिता दामोदरदास मोदी से मिलने आए अपनी समस्या बताई।' आपको बताते चलें कि परिवार में पहले ही आठ सदस्य थे जिनके लिए बहुत कठिनाई से दो जून की रोटी की व्यवस्था हो पाती थी।

'मेरा बेटा अब्बास पढ़ने में तेज़ है हमारे गाँव में माध्यमिक स्कूल नहीं है, मुझे इस बात की चिन्ता है कि बेटे की पढ़ाई कहीं बीच में ही न छूट जाए।', इतना कहकर मियाँ भाई मोदी दम्पत्ति के आगे उदास होकर बैठ गए। उदास मियाँ भाई को देखकर माँ हीराबेन और दामोदरदास मोदी ने कहा, 'आप अब्बास के पढ़ाई की चिंता न करें और उसे हमारे घर भेज दें। अब्बास हमारे घर पर ही रहकर पढ़ाई करेगा। पंकज और अब्बास साथ रहकर पढ़ाई करेंगे।' स्पष्टतः अब्बास स्कूल से आने के बाद मोदी परिवार के घर पर ही रहता था। सुबह आस-पास से काम समाप्त कर माँ हीराबेन जब घर लौटती थी तो जैसे पूरे परिवार को भोजन में जो उपलब्ध होता था वह देती थी, वैसे ही अब्बास को भी खाना परोसती थी। आप समझ सकते हैं कि ग़रीबी से लड़ने वाले उस परिवार में माँ का दिल कितना बड़ा था कि उसने उस समय में भी ऐसे बालक को समाहित किया जो न उसका अपना और न ही उसकी जाति या धर्म का था। अब्बास के पिता का निधन 1971 में हो गया था।

लियो टालस्टाय कहते हैं, "सच्चा धर्म हमारे चारों ओर व्याप्त अनन्त जीवन और अपने आपसी सम्बंधों को स्थापित

करने में है। ऐसा जीवन हमें परमात्मा से जोड़ता है और सारे कार्यों में मार्ग निर्देशन करता है।"

यह रोचक कहानी दुनिया के सामने तब आई जब स्वयं प्रधानमंत्री नरेन्द्र मोदी ने इसे अपने ब्लॉग पर लिखा। मोदी लिखते हैं, 'बचपन में एक तरह से अब्बास हमारे घर में रहकर पढ़ा। हम सभी बच्चों की तरह माँ अब्बास की भी बहुत देखभाल करती थी। ईद पर माँ अब्बास के लिए उसके पसन्द का पकवान भी बनाती थी।'

अब अब्बास ऑस्ट्रेलिया के सिडनी शहर में अपने छोटे बेटे के साथ रहते हैं। जब मैं अहमदाबाद पंकज मोदी से मिलने गया था तो उन्होंने अपनी और अब्बास की स्कूल में साथ पढ़ने की कहानी सुनाई थी लेकिन पंकज को भी उस समय यह नहीं पता था कि अब्बास अब ऑस्ट्रेलिया चले गए। अब्बास का बड़ा बेटा अभी भी गुजरात के गाँव कैसिनपा में रहता है। अब्बास गुजरात सरकार में सेकंड क्लास कर्मचारी के तौर पर काम करते थे। वे फ़ूड एंड सप्लाई विभाग में थे और अभी कुछ समय पहले ही सेवानिवृत्त हुए।

पीएम मोदी ने अपने ब्लॉग पर अब्बास का ज़िक्र करते हुए लिखा, 'माँ हमेशा दूसरों को खुश देखकर खुश रहा करती थी। घर में भले ही जगह कम हो लेकिन उनका दिल बहुत बड़ा था।'

जब प्रधानमंत्री के घर पर रहने वाले अब्बास की कहानी सामने आई तो पूरी दुनिया अब्बास के बारे में जानने के लिए उत्सुक हो गई। कई चैनल ऑस्ट्रेलिया के सिडनी शहर पहुँच गए। इन्हीं में से एक थे विशाल पाण्डेय। जब मैंने विशाल से अब्बास को लेकर बात की तो उन्होंने अब्बास से बातचीत का सिलसिलेवार विवरण मुझे दिया जो कुछ इस तरह से है।

अब्बास ने बताया, 'मैं मोदी के गाँव वड़नगर से 4 किमी की दूरी पर कैसिनपा गाँव से हूँ। कैसिनपा गायकवाड़ स्टेट में आता है। मेरे पिताजी और दामोदर काका बहुत अच्छे मित्र थे। उस समय जिसे मैट्रिक कहते थे अब एस.एस.सी. कहते हैं एवं 11वीं की पढ़ाई मैंने वहीं रहकर की। उस पूरे साल मैंने नरेन्द्र भाई के घर पर ही रहकर पढ़ाई की थी। मैंने वहाँ किसी प्रकार का कोई भेदभाव अनुभव नहीं किया। मैं वहाँ वैसे ही रहता था जैसे घर के बाकी सदस्य रहते थे। जब भी मेरा कोई त्योहार आता था तो पूरा परिवार मेरे साथ होता था। माँ हीराबेन मेरे लिए सेवइयाँ बनाती। कपड़े गन्दे होने पर माँ हीराबेन उसे धोने के लिए भी माँग लेती थी। जब ईद पर मैं नमाज़ के लिए घर जाने को कहता था तो माँ हीराबेन कहती कि यहीं पर आकर सेवइयाँ खाना है।' नरेन्द्र मोदी के बारे में अब्बास कहते हैं, 'जब मैं घर वड़नगर रहने गया तो नरेन्द्र भाई आरएसएस में चले गए थे। जब मैं गुजरात सरकार में नौकरी करता था तो एक बार सीएम साहब से मुलाक़ात हुई थी लेकिन मैंने नहीं बताया कि मैं अब्बास हूँ। लोगों से जब मैं कहता था कि मैं तो मोदी साहब के घर पर रहा हूँ तो लोग कहते थे कि तू तो केवल बातें करता है। और कहते कि जब तू मोदी जी को जानता है तो उनके बंगले में क्यों नहीं जाता।'

जब विशाल ने आजकल के हालात और विपक्ष द्वारा उठाए गए प्रश्नों के बारे में अब्बास से पूछा तो अब्बास बोले, 'मैं तो उनके यहाँ पर पैदा भी नहीं हुआ था फिर भी उन्होंने मुझे अपने बेटे की तरह रखा। जब कोई खून लेने जाता है, तो वह न जाति देखता है और न धर्म। मोदी साहब देश चला रहे हैं और यह देखकर मेरा दिल बहुत खुश होता है।'

अब्बास ने विशाल को ये भी बताया कि जब वे हज पर गए थे तो माँ हीराबेन ने ही उन्हें पैसे दिए थे। दामोदरदास मोदी के परिवार में एक सदस्य के तौर पर रहने वाले अब्बास से मैंने जब फ़ोन लगाकर ऑस्ट्रेलिया बात की तो वह बहुत खुश हुए... इसके लिए मुझे थोड़ा प्रयास करना पड़ा। अब्बास से मेरी बहुत लम्बी बातचीत हुई, जिसने मुझे हीराबेन को एक माँ के रूप में समझने की दृष्टि दी। यह कई साल पहले की बात है... जबकि हमारा समाज जाति और धर्म के जंजाल में बुरी तरह से जकड़ा है। ऐसे में मोदी परिवार में एक मुसलमान का रहना और हीरा बा का बाक़ी सदस्यों की तरह उसके लिए वह कुछ करना जो वह अपने बेटे या बेटी के लिए करती है, उनको महान बना देता है। आज भी मैं गाँवों में देखता हूँ कि छोटी-छोटी बातों को लेकर भाई-भाई पूरी ज़िन्दगी एक-दूसरे से लड़ते रहते हैं... ऐसे में अब्बास का कोई दूर-दूर तक मोदी परिवार से रिश्ता नहीं था... रिश्ता था तो बस भाई चारे का...

नरेन्द्र मोदी के घर जब अब्बास को रखने को लेकर फ़ैसला किया जा रहा था तो इसमें नरेन्द्र मोदी की भी सहमति ली गई थी, यह बात मुझे हीरा बा के समक्ष पंकज मोदी ने बताया था। अगर हम इसे व्यापक दृष्टिकोण से देखें तो एक ऐसा परिवार जो खुद खाने को लेकर संसाधन जुटाने के लिए संघर्ष करता रहा हो। वह अपने घर पर एक मुस्लिम परिवार के बालक को रखकर पढ़ाता है, उसे अपने धर्म से सम्बन्धित सभी कार्य करने की पूरी आज़ादी दे रखा हो। यह सब कुछ इतना साधारण नहीं है। अब्बास से मैंने ऑस्ट्रेलिया में जब बात की तो उन्होंने उस समय कि कई बातें मुझसे साझा की। उन्होंने बताया कि मेरे काका का नाम रसूल था जो नरेन्द्र दामोदरदास मोदी के साथ मिलकर कैंटीन चलाते थे।

9
नरेन्द्र को लेकर माँ की चिन्ता

नरेन्द्र मोदी को लेकर माँ हमेशा चिंतित रही। नरेन्द्र भाई अपनी पुस्तक 'साक्षी भाव' में लिखते हैं, 'पाठशाला से निकले बालक के घर आने का समय देखती और प्रतीक्षा करती हुई माता की आँखों से कैसी उद्भूत विह्वलता छलक रही होती है। पाँव अन्दर बाहर भाग-दौड़ करते हैं। चारों ओर नज़र दौड़ाने के सतत प्रयत्नों के बाद रास्ते की चहल-पहल भी नहीं दिखती है, उसकी आँखें तो ढूँढती है अपने बच्चे को, उसके कान उग्र होते है "माँ" शब्द सुनने को! और यदि एक पल का विलंब हो जाए तो? धड़कनें दीवारें हिला देती हैं, पाँव इधर-उधर चहलकदमी करते हैं, आँखें आशंकाओं से पथरा जाती हैं, विरह वेदना बनकर बहने लगती है।'

बचपन से ही बेटे के भविष्य को लेकर माँ हीराबेन बहुत चिंतित रहती थी। तभी तो हर साधु-सन्यासी से यह जानना नहीं भूलती थी कि बड़ा होकर बेटा क्या करेगा। किशोर मकवाणा अपनी पुस्तक "कॉमन मैन नरेन्द्र मोदी" में लिखते हैं। यह वर्ष

1963 की बात है जब नरेन्द्र मोदी की आयु तेरह वर्ष रही होगी। वड़नगर में बहुत से साधु-सन्यासी आया करते थे। गाँव की परम्परा थी कि आए हुए साधु को किसी न किसी के घर पर भोजन कराया जाता था। एक दिन एक साधु नरेन्द्र मोदी के घर पर खाने के लिए आया। भोजन के बाद उन्होंने माँ हीराबेन से परिवार के सदस्यों की जन्मकुंडली माँगी। माँ हीराबेन के पास उस समय सबसे बड़े पुत्र सोम भाई और नरेन्द्र मोदी की जन्मकुंडली थी। उन्होंने दोनों जन्मकुंडलियाँ उस साधु को दे दी। साधु ने सोम भाई की जन्मकुंडली देखकर कहा, 'इनका जीवन तो सामान्य बीतेगा, किन्तु एक बार जेल जाने का योग है।' इसके बाद जब साधु ने नरेन्द्र मोदी की कुंडली देखी तो उनकी आँखें खुली की खुली रह गईं। उन्होंने पुनः माँ हीराबेन से पूछा, 'यह किसकी कुंडली है?' माँ हीराबेन ने कहा, 'यह मेरे तीसरे पुत्र नरेन्द्र की कुंडली है। क्यों पूछ रहे हैं? सब ठीक है ना?' साधु ने कहा, 'यह तो बहुत प्रभावी कुंडली है। यदि यह लड़का राजनीति में गया तो इसका प्रभाव चक्रवर्ती सम्राट की भाँति फैलेगा और यदि सन्यासी बना तो शंकराचार्य जैसा पद ग्रहण करेगा।' वड़नगर की यात्रा के दौरान मुझे नरेन्द्र मोदी के बचपन के दो ऐसे दोस्त मिले जिन्होंने मुझे नरेन्द्र मोदी के भविष्य जानने से जुड़े कुछ अन्य प्रसंगों से अवगत कराया। नरेन्द्र मोदी के मित्र श्यामलदास माधवलाल ने बताया, 'ये तब की बात है, जब नरेन्द्र मोदी पाँचवीं कक्षा के छात्र थे। तब हम दोनों ने एक ज्योतिषी से अपना भविष्य पूछा था तो उस ज्योतिष ने कहा था कि नरेन्द्र मोदी के नीचे तो गाड़ियाँ घूमेंगी।

अतीत बहुत सुहाना होता है, वे बातें हमें आसानी से याद आ जाती हैं लेकिन जब हर दिन लड़ना-झगड़ना, उठना-गिरना

और फिर उठना पड़ता हो तो व्यक्ति जीवन की भाग-दौड़ में ही उलझकर रह जाता है। वड़नगर में मोदी परिवार के साथ भी कुछ ऐसा ही था। नरेन्द्र मोदी के जीवन में भी पहाड़ जैसी चुनौतियाँ थीं।

माँ को हमेशा चिन्ता रहा करती थी कि बेटा पढ़-लिखकर कुछ अलग करे परन्तु उन्हें यह डर भी हमेशा सताता था कि हमेशा कुछ नया करने की चाह कहीं बेटे को उनसे दूर न कर दे। जब मैंने माँ हीराबेन से नरेन्द्र मोदी के कुछ करने को लेकर प्रश्न किया तो उन्होंने बस इतना ही कहा, 'वह बचपन से ही औरों से अलग था, हर काम या विषय-वस्तु को देखने का उसका दृष्टिकोण बिल्कुल भिन्न था। घर हो या स्कूल नरेन्द्र अपनी बात कहने में कभी भी पीछे नहीं हटता था।' जब मैंने बसंती बहन से पूछा कि माता-पिता जी बचपन से नरेन्द्र भाई के लिए क्या सोचते थे तो उन्होंने बताया, 'पिता जी हमेशा चाहते थे कि नरेन्द्र भाई पढ़-लिखकर कुछ बन जाएँ तो परिवार के दुख के दिन दूर हो जाएँगे, क्योंकि सभी भाई-बहनों में नरेन्द्र भाई पढ़ने में सबसे ज्यादा होशियार थे। कभी-कभी पिताजी इस बात को लेकर बहुत परेशान भी हो जाते थे।' फिर बसंती बहन ने माँ को लेकर बड़ी मासूमियत से कहा, 'माँ तो हमेशा नरेन्द्र भाई के साथ ही खड़ी रहती थी। उसको विश्वास था कि मेरा बेटा दूसरों से बिल्कुल अलग है। नरेन्द्र में चीजों को बदलने और बेहतर बनाने का उत्साह था।'

लेखक एंडी मैरिनो "नरेन्द्र मोदीः एक राजनैतिक यात्रा" में लिखते हैं कि जब उन्होंने नरेन्द्र मोदी से उनके बचपन को लेकर प्रश्न किया तो नरेन्द्र भाई ने मुस्कुरा कर कहा, 'नवाचार व नए विचार ही मूलतः मेरा स्वभाव था।' जिज्ञासा और

कौतुहल से भरे थे बालक नरेन्द्र। मैं नरेन्द्र मोदी के बचपन के मित्र ईश्वर भाई पटेल से सबसे पहले तो वड़नगर और फिर एक बार अहमदाबाद में मिला। उनका घर नरेन्द्र मोदी के वड़नगर के घर के पड़ोस में ही था और दोनों एक ही स्कूल में पढ़ते थे। बड़े उत्साह से ईश्वर भाई ने नरेन्द्र और उनके बचपन की बातें साझा की। 'नरेन्द्र हमेशा से कुछ हटकर थे। हर काम को कैसे अलग तरीके से किया जाए, शायद यही सोच थी नरेन्द्र भाई की। परिवार में जब भी नरेन्द्र माँ को कोई काम करते हुए देखते थे तो उसे सरल तरीक़े और बेहतर करने के सुझाव देने से नहीं चूकते थे। कपड़े कैसे धोना है इसमें भी वह हमेशा तकनीक का प्रयोग करते थे। कपड़े धोने की नरेन्द्र की तकनीक देखने लोग दूर से आते थे।'

माँ चाहती तो थी कि बेटा पढ़े और आगे बढ़े लेकिन नरेन्द्र भाई के मन में तो कुछ और ही चल रहा था। नरेन्द्र ने एक भावनात्मक व्यूह की रचना की कि पूरा परिवार बस देखता रह गया।

नरेन्द्र मोदी के अन्दर नेतृत्व का गुण कमाल का था और माँ हीरा बा उसे निखारने का काम करती थी। नरेन्द्र हर काम को अलग तरीक़े से करने के लिए बचपन से ही जाने जाते थे, यह उनकी विशेषता थी। यह कहानी प्रधानमंत्री जी ने मिलने के दौरान मुझे बताई लेकिन इसी के साथ उनके बचपन के मित्र ईश्वर भाई पटेल और सुधीर जोशी ने जिस विस्तार से बताया वह तो उस दौर में अद्भुत है। नरेन्द्र मोदी के साथ पढ़ने वाले सुधीर जोशी ने मुझे बताया कि हमारे बीएन हाईस्कूल की दीवार गिर गई थी, उसका परिणाम यह होने लगा कि अवांछनीय तत्व स्कूल की पढ़ाई में व्यवधान डालने लगे थे। नरेन्द्र मोदी उस समय कक्षा आठ में पढ़ते रहे होंगे। नरेन्द्र मोदी

के बाल सखा ईश्वर भाई पी पटेल ने मुझे बताया कि हम सभी दोस्तों ने मिल-बैठकर तय किया कि आख़िर ये स्कूल की दीवार कैसे बनवाई जाए। ये तय हुआ कि इसके लिए हम लोगों से पैसा माँगेंगे। एक बार फिर से समूह के सभी दोस्तों को इकट्ठा किया गया। यह रणनीति बनाई गई कि हम एक स्मारिका (souvenir) निकालेंगे, इसी के साथ एक नाटक का स्कूल में ही मंचन किया जाएगा। उसे इलाक़े में रहने वाले सभी बड़े और सम्मानित लोगों के साथ समूह के लोग मिलने लगे और स्कूल की दीवार टूट जाने और उसे बनवाने के लिए लगने वाले खर्चे की भी चर्चा होने लगी तो लोग स्वेच्छा से आगे बढ़कर इन लोगों की मदद करने आने लगे। इसी के साथ दीवार बनाने के लिए नाटक का मंचन भी बीएन हाईस्कूल में ही सम्पन्न हो गया। यह सब करने के पश्चात समूह के पास इतना पैसा जमा हो गया कि स्कूल की दीवार बन गई। यह सब कुछ सुनने में तो बहुत आसान लगता है लेकिन वाक़ई यह बहुत बड़ा काम था जो बालक नरेन्द्र मोदी के नेतृत्व में किया गया था। इस बात को आप आसानी से समझ सकते हैं कि यह सब कुछ एक या दो दिन में नहीं हुआ होगा। स्कूल के कार्यों में लगे रहे नरेन्द्र जब देर से घर पहुँचते होंगे तो हीरा बा ज़रूर ये पूछती होगी कि आज घर आने में इतनी देर क्यों हो गई तो नरेन्द्र भी जो करके आते वह माँ को ही तो बताते। हीरा बा ने बचपन से ही नरेन्द्र के चलने वाले रास्ते पर नज़र रखने के साथ ही उन्हें रास्ता भी दिखाने का काम किया।

10

परिवार की जीविका, माता-पिता का सिखाया काम राजनीति के लिए बना वरदान

नरेन्द्र मोदी के परिवार का जीवन हमेशा मुश्किलों से घिरा रहा। बेटे नरेन्द्र के लिए जितनी अहम भूमिका माँ हीराबेन ने निभाई उतनी ही पिता दामोदरदास मोदी ने भी निभाई। नरेन्द्र मोदी ने लिखा है, 'हमारा परिवार संयुक्त परिवार था और घर की गाड़ी को चलाने के लिए माता-पिता दोनों समान रूप से मेहनत करते थे।'

नरेन्द्र मोदी ने न जाने कितनी बार अपने भाषणों में बताया है कि वह वड़नगर रेलवे स्टेशन पर चाय बेचते थे। अभिनेता अक्षय कुमार को दिए गए साक्षात्कार में नरेन्द्र मोदी ने बताया था कि ट्रेन में चाय बेचते हुए उन्हें लोगों को समझने का मौक़ा मिला। इस दौरान कई लोग उन्हें डाँटते तो कोई उन्हें समझाते थे। पीएम ने कहा था, 'कभी-कभी मालगाड़ी से मुम्बई के

कारोबारी आते थे, हम उन्हें चाय पिलाते थे और बातें करते थे। उनसे बातें करते-करते हमने हिन्दी सीख ली।' मोदी ने कई बार कहा है कि माँ घर की आमदनी बढ़ाने के लिए चरखा काटती थी और साथ ही आस-पड़ोस के लोगों के कपड़े भी सिल दिया करती थी। नरेन्द्र अपनी माँ का हर दिन का संघर्ष देखते थे। यह भी एक बड़ा कारण था कि नरेन्द्र को जब भी पढ़ाई से समय मिलता तो वह पिता के टी स्टॉल को सम्भालने दौड़ पड़ते थे।

लेखक एंडी मैरिनो ने अपनी पुस्तक "नरेन्द्र मोदी: एक राजनैतिक यात्रा" में लिखा है 'वे सहयोग और सहायता करने के लिए सदैव उत्सुक रहते थे। स्कूल के बाद नरेन्द्र अपने पिता के टी स्टॉल की ओर ऐसे भागते थे, मानो पूरे दिन वहाँ काम करने के रोमांच की राह देख रहे हों। उनके लिए यात्रियों को चाय पिलाने से अधिक संतुष्टिदायक कार्य नहीं था।'

"मैं ट्रेन के कम्पार्टमेंट का छोटा लड़का था,
जो चाय पिलाता था और पैसे लेता था।"

प्रधानमंत्री नरेन्द्र मोदी से मुलाक़ात के दौरान रेल की बात न हो यह कैसे हो सकता है। जब मैं प्रधानमंत्री जी से मिला था तो बातचीत में उन्होंने बताया कि कैसे जब वे रेल के डिब्बे में चाय बेचते थे तो तरह-तरह के अनुभव होते थे और उनसे जीवन में सीखने का मौक़ा मिलता था। उन्होंने यह भी बताया कि ट्रेन में सफ़र के दौरान बारह-तेरह वर्ष का एक लड़का जिसे पोलियो हो गया लगता था और उसके कमर के नीचे का हिस्सा बिल्कुल काम नहीं कर रहा था बहुत कठिनाई से ट्रेन

के भीतर चढ़ गया। मैले-फटे कपड़े पहने हुए वह लड़का भिक्षु जैसा लग रहा था लेकिन भीख नहीं माँग रहा था। हर किसी के पास जाकर विनती कर रहा था कि वे उसे जूते पॉलिश करने दें। उस समय मात्र 10-15 पैसे में जूते पॉलिश होते थे। मोदी जी ने कहा, 'मैंने जूते पॉलिश करने वाले बहुत देखे थे, परन्तु यह अलग ही था। मेरा ध्यान लगातार उस पर था। उसने मैले-पुराने झोले से एक अख़बार निकाला, जिस पर लिखा था, "आज आपका दिन शुभ हो, आज आपकी यात्रा मंगलमय हो। जिस काम के लिए आप जा रहे हैं वह पूरा हो।" जब भी कोई ग्राहक उस लड़के को अपना जूता पॉलिश करने के लिए देता, वह लड़का उस ग्राहक को उस दिन का अख़बार पढ़ने के लिए दे देता। ग्राहक भी सोच रहा होगा कि दस पैसे में जूते तो पॉलिश हो ही रहे हैं, साथ में अख़बार पढ़ने को भी मिल रहा है, जिसका दाम एक रुपया रहा होगा। मेरे मन में हुआ कि मैं उस बालक से बात करूँ। मैंने पूछा कि तुम कौन हो? उसने बताया कि वह कर्नाटक से आया है और उसके परिवार में कोई नहीं है। उसने कहा, "भले ही मेरे शरीर की हालत अच्छी नहीं है लेकिन मैं सम्मान के साथ जीना चाहता हूँ और यही कारण है कि मैं यहाँ पहुँच गया हूँ। मैं लोगों की बहुत सेवा करना चाहता हूँ।"

ट्रेन के सफ़र में अर्जित हुआ यह अनुभव महान ग्रन्थ गीता में कही गई बातों को चरितार्थ करता है। यही तो योग है।

नरेन्द्र मोदी जब राजनीति में संघर्ष कर रहे थे तो अहमदाबाद में बचपन से पिता के साथ चाय बनाने और चाय पिलाने की कला ने ही उन्हें रोज़गार दिलाया। इसी के साथ संघ कार्यालय में नरेन्द्र मोदी को जब दाख़िला मिल गया तब इसी चाय बनाने

के हुनर ने उन्हें संघ कार्यालय में स्थिर स्थान दिया, जिससे नरेन्द्र मोदी राजनीति में आगे बढ़ पाए। नरेन्द्र भाई के साथ गुजरात सीएम हाउस में काम करने वाले प्रेम चन्द कोदर भाई पटेल ने मुझे बताया, 'संघ कार्यालय में जब नरेन्द्र मोदी को आरंभिक दिनों में चाय बनाने की जिम्मेदारी मिली थी तो मुझे उनका सहायक नियुक्त किया गया था—चाय के लिए अदरक कूटना, चाय के बर्तन की सफाई करना, बाहर से आए हुए संघ के नेता या कार्यकर्ता को चाय पिलाना।' यह सब नरेन्द्र मोदी ने अपने पिता के साथ काम करके ही तो सीखा था। यह नरेन्द्र भाई की विशेषता ही है कि वह कभी भी कुछ नया करने से हिचकिचाते नहीं थे फिर चाहे वह साधारण स्वयंसेवक कार्य हो या फिर नेता का।

कहते हैं ना मनुष्य बचपन खुद से देखे और किए गए अनुभव जीवनभर अतीत की याद दिलाते है। बचपन में ट्रेन सफ़र के दौरान एक विकलांग लड़के से हुई मुलाक़ात को शायद ही नरेन्द्र मोदी भूल पाए होंगे। तभी तो जब वे राजनीति में स्थापित हो चुके थे तब उन्होंने इसे दूर करने के लिए वह कार्य करना प्रारम्भ कर दिया।

ट्रेन में मिले उस दिव्यांग युवक को नरेन्द्र कभी नहीं भूल पाए जब मैं प्रधानमंत्री के तौर पर नरेन्द्र मोदी जी से मिला तब भी और जब वे गुजरात प्रान्त के मुख्यमंत्री के तौर पर काम कर रहे थे तब भी। माँ ने भी नरेन्द्र को यही तो सिखाया था... वह भी समाज के लिए परोपकार करना। पिता का बोनमैरो कैंसर से लड़ना परिवार की आर्थिक दशा का कमजोर होना... इन सब परिस्थितियों ने नरेन्द्र मोदी को हमेशा लीक से हटकर काम करने के लिए प्रेरणा दी। सामाजिक समरसता, पेज नम्बर 195 पर किशोर मकवाणा ने मोदी के सीएम होने के समय का एक

भाषण का विवरण दिया है। गुजरात सरकार के सामाजिक सुरक्षा व सहायता, राज्य सरकार के श्रम एवं विकलांग परितोषिक अर्पण विधि समारोह में मोदी कहते हैं, 'गुजरात पहला ऐसा राज्य है जिसने असंगठित मज़दूरों के लिए बीमा करने का उत्तरदायित्व स्वयं लिया है। सरकार ही इसमें बीमा की राशि भरती है।' जब मैं अपनी पहली पुस्तक "द रियल मोदी" लिख रहा था तो मैं कई ऐसे लोगों से मिला था, जिन्होंने प्रधानमंत्री नरेन्द्र मोदी के साथ हिमालय मानसरोवर की यात्रा की थी। जिन दिनों नरेन्द्र भाई कैलाश मानसरोवर की यात्रा पर थे उसी दौरान उनके पिता की तबीयत बहुत ख़राब हो गई थी। पंकज मोदी ने बातचीत में मुझे बताया था कि पिता जी बोनमैरो कैंसर से पीड़ित थे और उस समय परिवार बहुत गरीब था। किसी भी बड़े अस्पताल में इलाज करवाया जाता तो लाखों खर्च हो जाते। यह बहुत बड़ा कारण है कि प्रधानमंत्री नरेन्द्र मोदी ने अवसर मिलने पर गरीबों के लिए बीमा योजना लागू की और देश का बड़ा प्रधान बनने के बाद पूरे देश में 'आयुष्मान भारत योजना' का शुभारंभ किया जिससे किसी भी वर्ग का रोगी बड़े से बड़े अस्पताल में भी चिकित्सा करवा सके।

28 अगस्त 2014 को नई दिल्ली में प्रधानमंत्री जन-धन योजना के शुभारम्भ के समय प्रधानमंत्री नरेन्द्र मोदी ने कहा था, 'यह ख़ुशी की बात है कि आज बहुत सारे कीर्तिमान टूट रहे हैं। शायद इंश्योरेंस कम्पनी के इतिहास में आज तक कभी एक दिन में डेढ़ करोड़ लोगों का अकस्मात् बीमा और दुर्घटना बीमा नहीं हुआ होगा। यह अपने आप में बहुत बड़ा कीर्तिमान है। राजनैतिक लाभ को लेकर कोई चाहे कुछ भी कहे लेकिन

सच तो यह है कि पीड़ा सहने वाले को दूसरों को पीड़ा सहते देख तुरंत उसकी सहायता करने के लिए आगे बढ़ते हैं। मैंने बचपन से यही देखा है। आज पूरे देश में जन-धन योजना के खातों की संख्या पचास करोड़ के पार पहुँच गई है।'

प्रधानमंत्री नरेन्द्र मोदी को यह देखकर बहुत ख़ुशी हुई कि इनमें से आधे से अधिक खाते महिलाओं के नाम पर हैं यानि कुल खोले गए खातों के 56 प्रतिशत और कुल जन-धन खातों के 67 प्रतिशत खाते ग्रामीण एवं अर्द्ध-शहरी क्षेत्रों में खोले गए हैं। वित्त मंत्रालय की रिपोर्ट के अनुसार जन-धन खातों में कुल जमा राशि 2.03 लाख करोड़ रुपये से अधिक है। इन खातों से 34 करोड़ रुपये के कार्ड मुफ्त जारी किए गए हैं।

परिवार की गरीबी और माता-पिता का संघर्ष करते देखते हुए नरेन्द्र ने पहले मुख्यमंत्री और फिर प्रधानमंत्री बनने के पश्चात यह सुनिश्चित किया कि जो समस्याएँ व परेशानियाँ उन्होंने और उनके परिवार ने देखी वह किसी और भारतवासी को न देखनी पड़े।

11

माँ का ईश्वर पर भरोसा

हीरा बा भगवान पर अटूट विश्वास करती थी... उनको लगता था कि ईश्वर ने सबके लिए कुछ न कुछ सोच के रखा है और समय आने पर रास्ता ख़ुद-ब-ख़ुद चलकर उसके सामने आ जाता है। हीरा बा के सुबह का आरंभ कुछ ऐसे ही होता था सुबह तड़के उठने के साथ ही स्नान करना... चाहे जाड़ा हो या गर्मी, उनका समय परिवर्तित नहीं होता था। स्नान के बाद सूर्य को जल देना, गाय को रोटी खिलाना, घर पर देशी ईलाज कराने के लिए आने वाले लोगों को मुफ़्त में ईलाज करने के साथ ही दवा देने का काम शुरू होता था। हीरा बा किसी के साथ भेदभाव करने में यक़ीन नहीं करती थी। वह सबसे हमेशा कहती थी कि भगवान जो करेगा ठीक करेगा। वक़्त हमें बताता है कि हम बनाने वाले तजुर्बों के अलावा कुछ नहीं होते हैं। लियो टालस्टाय कहते हैं कि “संघर्ष में सच्चा साहस उसी मनुष्य को प्रेरित करता है जो जानता है कि ईश्वर उसके साथ है।” हीरा बा को हमेशा यक़ीन था कि ईश्वर उनके परिवार के साथ है। हमेशा हाथ में

तुलसी की माला रखना... भगवान को हर-दम स्मरण करना हीरा बा को पसंद था... पंकज मोदी ने बताया कि माँ के हाथ में अगर माला होती थी तो उसके ज़रिए भगवान का नाम लेने में माँ इतना रम जाती थी कि नींद भी भूल जाती थी... मैं जब अहमदाबाद में माँ हीरा बा से मिला था... उनसे मेरी मुलाक़ात की यादें आज भी मेरे ज़हन में तरोताज़ा हैं... मैंने उन्हें प्रणाम किया और उनकी चमकती आँखों की तरफ़ देखा... कमाल का आत्मविश्वास झलक रहा था। हीरा बा सफ़ेद धोती में त्याग की प्रतिमूर्ति लग रही थी... वहीं पर एक कोने में विवेकानन्द की प्रतिमा भी रखी थी। एक तरफ़ भगवान की मूर्ति भी थी... उनकी आँखें देखकर ऐसा लगता था कि उनकी कमरे में बैठे सभी लोगों पर नज़र थी। वहीं पास ही एक किनारे पर गीता भी रखी थी... जिसका केवल एक ही संदेश था... कर्म करें और फल की इच्छा न करें। हीरा बा जहाँ बैठी थी... वहीं कमरे के एक कोने में टेलीविज़न लगा था जिस पर हीरा बा बेटे नरेन्द्र को देख रही थी कि कैसे अमेरिका में बेटे का लोग दिल खोलकर स्वागत कर रहे थे... लगातार तालियाँ बज रही थीं। उसकी आवाज़ अहमदाबाद में बैठी माँ को आनन्दित कर रही थी... उनको लग रहा था कि बेटे के लिए जो मैं सोचती थी आख़िर बेटे ने वह कर दिखाया। ...तभी मैंने देखा कि बाहर से दो लोग माँ हीरा बा को प्रणाम करने के लिए आए... माँ ने उन्हें पैरे छूने से पहले ही आशीर्वाद दे दिया... एक बार फिर से ज़ोर-ज़ोर से तालियाँ बजने की आवाज़ आने लगी... उन्होंने पंकज मोदी को अपने पास बुलाया और पूछा कि अमेरिका के लोगों से नरेन्द्र मोदी ने क्या कहा... पंकज ने गुजराती में उन्हें बताया इसके बाद वे माँ को लेकर अनेकों बातें मुझसे बताने लगे। पंकज

मोदी ने मुझे बताया कि सावन के महीने में वड़नगर गाँव में भागवत कथा होती थी... माँ हर वर्ष की भाँति इस वर्ष भी कथा में बैठी थी... इस कथा में घर और आस-पास के लोगों को सुनने के लिए आमंत्रित किया जाता था... माँ कथा पूरे विधि विधान से सुनती थी। पंकज मुझे बता रहे थे... लेकिन मैं देख रहा था कि पंकज मानो कई साल पीछे लौट के अपने बचपन में चले गए थे। उनको वह दिन याद आ रहा था... जब माँ कथा पर बैठकर पंकज के फ़ूल लेकर आने का इंतज़ार कर रही थी... जब बहुत देर तक पंकज फ़ूल लेकर नहीं आए तो माँ ने पास से ही किसी से कहकर पुष्प मंगवा लिए... कथा शुरू हो गई... इधर कथा विधिपूर्वक शुरू होकर ख़त्म होने को आई थी, तब भी पंकज का घर पर कोई अता-पता नहीं था। इधर पंकज बगीचे से फूल लेने के बाद वड़नगर में ही परमानंद गाँधी के मकान में चले गए थे। वहाँ पर स्वाध्याय केन्द्र चल रहा था। पंकज स्वाध्याय में इतने लीन हो गए कि... उनको यह याद ही नहीं रहा कि माँ पूजा के लिए फ़ूलों का इंतज़ार कर रही होगी। जब मैं वड़नगर गया था तो मेरे मन में भी बड़ी उत्सुकता थी कि मैं जाकर उस स्वाध्याय केन्द्र को देखूँ... जिसने न जाने कितने लोगों को जीने का सही मार्ग दिखाया होगा। वड़नगर में यह केन्द्र एक गली के मकान में चलाया जाता था...अब यह मकान पूरी तरह से ख़ाली था। जब आस-पास के लोगों से पूछा तो पता चला कि इस केन्द्र को चलाने वाले सारे लोग अब अहमदाबाद में रहते हैं। इस केन्द्र के प्रवेश द्वार पर ताला लगा था, जिस पर पूरी तरह से जंग लग चुका था। इस केन्द्र की शुरुआत 1960 के दशक में हुई थी। इस केन्द्र को स्वाध्याय परिवार चलाता था। 1954 गीता के आधार पर स्वाध्याय केन्द्रों की शुरुआत पांडुरंग

शास्त्री आठवले ने की थी...जब मैं वड़नगर इसे देखने गया था... तो मैं थोड़ा निराश ज़रूर हुआ। पंकज को एका-एक जब एहसास हुआ कि वे तो माँ के कथा पर बैठने के लिए पूजा के फूल चुनने के लिए आए थे... अरे! ये क्या हो गया... अब मेरा क्या होगा... घर पर तो बड़ी डाँट पड़ेगी... पंकज ख़ुद से ही बातें कर रहे थे... जब वह डरते-डरते घर पहुँचे तो उनसे तरह-तरह के सवाल पूछे जाने लाज़मी थे। बड़े भाई ने कहा, माँ बहुत देर तक तुम्हारी प्रतीक्षा करती रही जबकि घंटों से तुम्हारा कोई पता ही नहीं था। घर के हर सदस्य ने पूजा के फूल नहीं ले आने पर उन्हें डाँटा। पंकज ने कहा कि सब लोगों को जब मैंने इसका कारण बताया कि मैं जाकर स्वाध्याय में बैठ गया था, तब भी लोगों ने मेरी बात नहीं मानी। उन सबका बोलना जारी रहा... पंकज ने बताया कि उस समय केवल एक व्यक्ति ने मेरा साथ दिया और वे थे नरेन्द्र भाई। उन्होंने इस बात के लिए मेरा उत्साह बढ़ाया कहा कि पंकज हर सप्ताह आपको उस केन्द्र में जाना है। अगर आप उस केन्द्र में नहीं गए तो मैं आपको दण्ड दूँगा। पंकज मोदी और बहन वसंती ने बताया कि घर में कोई बड़ा निर्णय होता तो केवल नरेन्द्र भाई की ही चलती थी... माँ जो उनको सबसे ज़्यादा प्यार करती थी, और यदि कहीं पिता जी ने किसी काम को लेकर विरोध किया तो माँ नरेन्द्र भाई की ढाल बनकर खड़ी हो जाती थी... तो भला निर्णय लागू होने से कौन मना कर सकता था। नरेन्द्र मोदी की यह आदत थी कि वे जो नहीं करना चाहते थे... उसे करते ही नहीं थे... नरेन्द्र को अपनी परम्पराओं पर तो यक़ीन था... किन्तु वह ढकोसला पसंद नहीं करते थे। वह हर बात को कसौटी पर तोलते हैं... फिर किसी निष्कर्ष पर पहुँचते हैं। बातचीत के दौरान ही पंकज ने अन्दर

छोटे से किचन में मेरे लिए चाय का पानी चढ़ा दिया था। माँ की यह कहानी सुनाने के बाद वह अन्दर चले जाते है... थोड़ी देर में ही मेरे सामने चाय हाज़िर होती है... वहीं हीरा बा के लिए भी पंकज एक छोटी स्टील के ग्लास में चाय लेकर उन्हें देते हैं। हीरा बा उन्हें गुजराती में सुझाव देती है कि नरेन्द्र की वह मेले में मिले पैसे को जनसेवा में खर्च कर दिए जाने की बात भी बता देना... मुझे थोड़ी गुजराती समझ में आती तो थी... मैं मन ही मन मुस्कुराया। मैं यह सोचने लगा कि माँ कितनी महान होती है कि कितनी भी परेशानी आ जाएँ वह कभी अपने बेटे को किसी तरह की कोई तकलीफ़ होते हुए नहीं देख सकती। अपने परिश्रम और सामर्थ्य से वह बेटे को हर कुछ देना चाहती है जो उसे दे सकती है, दुनिया को बेटे का वह हर गुण बताना चाहती है... इसलिए तो माँ अनमोल होती है... एक बार फिर हीरा बा पर मेरी नज़र रुक जाती है... वे स्टील के गिलास में धीरे-धीरे चाय की चुस्की ले रही थी... वह टेलीविजन पर नज़र गड़ाए हुए थी... ऐसा हो भी क्यों न... जब बेटा दुनिया के सबसे शक्तिशाली देश अमेरिका में भारत का परचम लहरा रहा हो तो फिर पूरी ज़िंदगी संघर्ष और तप से बेटे को संस्कार देने वाली माँ आख़िर गर्व से उल्लासित क्यों न हो... यही तो वह चाहती थी... माँ यह सब खुली आँखों से देख रही थी...

विचारक ख़लील जिब्रान कहते हैं कि तुम्हारा दैनिक जीवन ही तुम्हारा मंदिर और तुम्हारा धर्म है...

12

संघ से जुड़ाव और माता-पिता की भूमिका

नरेन्द्र बचपन से ही निडर थे। माँ ने ही सिखाया था कि जब तुम सच्चे हो तो ईश्वर तुम्हारे साथ हैं, फिर डर की क्या बात है। माँ की प्रेरणा और पिता की सीख ने नरेन्द्र को बचपन से ही परोपकार व कल्याणकारी कार्यों के लिए प्रेरित किया। बाल्यावस्था से ही मोदी कुछ हटकर थे। वे जो ठान लेते थे उसे पूरा भी करते थे और यही उन्हें दूसरों से अलग बना देता है।' नरेन्द्र मोदी तप करके अपने लक्ष्य को प्राप्त करते थे और उनके तप की शुरुआत उनके दैनिक जीवन से होती थी। विचारक खलील जिब्रान कहते हैं, "तुम्हारा दैनिक जीवन ही तुम्हारा मंदिर और तुम्हारा धर्म है।" बालक नरेन्द्र ऊर्जावान, स्पष्ट वक्ता, शरीर से बलशाली और लक्ष्य प्राप्ति के प्रति दृढ़ निश्चयी थे। इसके साथ ही नरेन्द्र मोदी का एक विशेष गुण यह भी था कि वह हमेशा पढ़ने का मौक़ा खोजते रहते थे। जब परिवार के सदस्यों को नरेन्द्र पूरे वड़नगर में खोजने पर नहीं

मिलते थे तो वे समझ जाते थे कि नरेन्द्र वड़नगर की लाइब्रेरी में हैं। वह स्वामी विवेकानन्द से बहुत प्रभावित थे। इतिहास, राजनीति और सांसारिक ज्ञान अर्जित करने में उनकी विशेष रुचि थी। नरेन्द्र को अतिथि के प्रति सम्मान और बड़ों को अपने व्यवहार से प्रभावित करने की कला बचपन से ही आती थी। वड़नगर में जब मैं लोगों से मिल रहा था तो इस क्रम में एक बहुत महत्वपूर्ण बात पता चली कि नरेन्द्र मोदी की बहन वसंती और पंकज मोदी ने मुझे संयुक्त रूप से बताया कि नरेन्द्र भाई को महान लोगों की पुस्तकें पढ़ने का बहुत शौक़ था। मैं यह विश्वास के साथ कह सकता हूँ कि उन महान लोगों की जीवनी को नरेन्द्र मोदी ने केवल पढ़ने का काम नहीं किया बल्कि उससे सीखने और उसको जीवन में उतारने का भी काम किया जो बाकियों से नरेन्द्र मोदी को मीलों आगे खड़ा कर देता है।

नरेन्द्र आठ वर्ष के थे जब उन्होंने राष्ट्रीय स्वयंसेवक संघ (आर.एस.एस) की शाखा में जाना शुरू कर दिया। यह एक ऐसा निर्णय था जिसने उनके भावी जीवन की दिशा तय की। जब मैं अहमदाबाद में माँ हीराबेन से मिला था तो मेरे मन में बहुत से प्रश्न चल रहे थे कि उन्होंने नरेन्द्र मोदी को संघ में जाने क्यों दिया और इसके पीछे उनकी क्या सोच थी। बेटे नरेन्द्र की अमेरिका यात्रा को टेलीविजन पर देखने में व्यस्त माँ हीराबेन ने मेरे इस प्रश्न का बहुत छोटा पर नपा-तुला उत्तर दिया। वह बोली, 'वह बचपन से ही ऐसा था। लोगों की सेवा करना और दूसरों के दुःख-दर्द में उनके लिए खड़े रहना, यह सब नरेन्द्र की प्रवृत्ति है।' इतना कहकर माँ फिर अपने बेटे के लिए अमेरिका में हो रही तालियों की गूँज सुनने में लीन हो गईं। छोटे भाई

पंकज ने इस पर कहा, 'मैं तो केवल सुनी-सुनाई बात ही बता सकता हूँ क्योंकि मैं उस समय बहुत छोटा था।' अब तक मैं नरेन्द्र के इतनी कम आयु में संघ में जाने के रहस्य को समझ नहीं पाया था। इसलिए मैंने उनके कई मित्रों और अध्यापकों से इस विषय में पूछा। वड़नगर में अपनी औषधालय चलाने वाले सुधीर जोशी ने बताया, 'गरीबी किसी के लिए भी अभिशाप होती है। नरेन्द्र मोदी और उनके परिवार ने भी बहुत गरीबी देखी है। उन्हें एक समय भरपेट खाना मिल जाता था तो पूरा परिवार बहुत खुश हो जाता था। अपने जैसे और परिवारों को गरीबी से मुक्ति दिलाने के लिए ही बालक नरेन्द्र ने संघ की राह पकड़ ली।' अहमदाबाद में नरेन्द्र मोदी के मित्र डॉ. अनिल रावल ने बताया, 'यह 1982-83 की बात है। एक यात्रा में नरेन्द्र भाई और मैं कहीं साथ में जा रहे थे। संघ के स्वयंसेवकों को एक शहर से दूसरे शहर प्रचार-प्रसार करना होता था और इनका कोई स्थाई ठिकाना भी नहीं होता था।' संघ का प्रचार करना कोई सरल बात नहीं थी फिर भी अपनी चिंता न करते हुए मोदी जी निकल पड़े।

श्री श्री रविशंकर कहते हैं, 'जागो और देखो जीवन अत्यन्त छोटा है। यह एहसास कि जीवन छोटा है तुम्हारे जीवन में गतिशीलता लाता है। अनकही चीजें, विकर्षण और बाधाएँ स्वतः छूट जाती हैं। जब भी तुम्हें कोई कर्म व प्रयास करना है तो जानो कि यह जीवन छोटा है। समय शेष हो रहा है। क्या तुम्हारा जीवन अपने लिए और दूसरों के लिए उपयोगी है? जब तुम समझ जाते हो कि जीवन छोटा है तो विलंब करना, काम को टालना, यह सब पीछे छूट जाता है।'

नरेन्द्र मोदी ने भी जीवन की सार्थकता को समझ लिया था। हर दिन गरीबी के संघर्ष को देखकर कुछ करने का निर्णय कर लिया था। बस इसलिए उन्होंने संघ की राह पर चल देने की ठान ली। मणिनगर में रहने वाले उनके मित्र डॉ. अनिल रावल ने बताया कि संघ प्रचारक घर-घर जाकर प्रचार करने का काम करते थे। एक गाँव से दूसरे गाँव, एक शहर से दूसरे शहर में प्रचार-प्रसार करते थे। अनिल रावल ने यह भी बताया कि उस समय संघ में सुबह चाय और वड़ा दिया जाता है और शाम को अधिकतर स्वयंसेवक किसी न किसी के घर पर जाकर भोजन या प्रसाद ग्रहण करते थे। यदि कोई स्वयंसेवक घर नहीं जा पाता तो उसे भूखा ही रहना पड़ता था। नरेन्द्र भाई ने अनिल जी को बताया था, 'मैं एक स्वयंसेवक के गाँव पर उससे मिलने गया था। जब उसके घर पहुँचा तो देखा उसका घर बहुत से स्थानों से टूटा हुआ था। स्पष्टत: वह बहुत गरीबी में था। जब मैंने घर का दरवाज़ा खटखटाया तो अन्दर से एक अधेड़ व्यक्ति निकल कर आया। उसकी धोती साफ-सुथरी तो थी किन्तु एक किनारे से फटी हुई थी और उसके ऊपर उसने एक बनियान पहन रखी थी जिसमें कई छेद थे। उसने जिस उत्साह से मुझे गले लगाया मेरी सारी थकान ही दूर हो गई। उसने मुझे आराम करने के लिए भी कहा।'

नरेन्द्र मोदी ने अनिल रावल को आगे बताया, 'जब मैं उस घर के गलियारे से होते हुए आँगन में दाखिल हुआ तो देखा एक गृहणी और एक छोटा बच्चा आँगन में घर के दैनिक कार्य में व्यस्त थे। मैं हाथ-पैर धोकर वहाँ चारपाई पर आराम करने लेटा था। उस चारपाई की रस्सी कई जगह से टूटी थी। थोड़ी ही देर में उस भले व्यक्ति ने मुझे भोजन के लिए कहा, उसकी पत्नी ने

मुझे एक बाजरे का रोटला (रोटी) और एक छोटी-सी कटोरी में दूध दिया। मैंने रोटी तोड़कर एक निवाला मुँह में डाला ही था कि तभी मैंने देखा कि उस दम्पति का बेटा जो लगभग पाँच वर्ष का था लगातार दूध की कटोरी को देखे जा रहा था। उस समय मेरे मन में यह विचार आया कि कहीं यह छोटी कटोरी का दूध इस बच्चे का तो नहीं है। मेरा मन काँप गया और मुझसे दूसरा निवाला खाया ही नहीं जा रहा था। मैंने खाना छोड़ दिया। जब दूध की कटोरी उस बच्चे को दी गई तो उसने एक साँस में ही पूरा दूध पी लिया। यह एक माँ और पिता के त्याग और समर्पण की पराकाष्ठा थी। मैंने इससे पहले ऐसा नहीं देखा था।'

उस घर से निकलने के बाद नरेन्द्र मोदी ने हर उस गरीब-लाचार के लिए संकल्प लिया कि अवसर मिलने पर वह इस देश की गरीबी को मिटा देंगे। बचपन की गरीबी और माँ-पिता की कठिनाईयों ने नरेन्द्र मोदी को बचपन से ही कुछ अलग करने के लिए प्रेरित कर दिया था और अब तो उन्होंने दृढ़ निश्चय कर लिया था कि अपना जीवन दूसरों का कष्ट मिटाने में ही लगाना है।

नरेन्द्र मोदी के पड़ोस में रहने वाले उनके घनिष्ठ बाल सखा ईश्वर भाई ने बताया कि हर शाम स्कूल के पास ही शाखा लगती थी और वहाँ पर लगभग बीस बच्चे जुट जाते थे। नरेन्द्र भाई खेलने में दक्ष थे। शाखा में प्रमुख तौर पर देश प्रेम को लेकर बातें बताने के साथ नियमित दिनचर्या और शरीर सौष्ठव पर भी जोर दिया जाता था। इसके साथ ही यहाँ पर कई अलग-अलग खेल खिलाये जाते हैं और नरेन्द्र को इन सब में बहुत रुचि थी।

नरेन्द्र जब 12 वर्ष के हुए तब 1962 का चीनी आक्रमण भारत के सबसे बड़े सदमों में से एक था। उस दौरान चीन ने वास्तविक नियंत्रण की सीमा रेखा तय करने के बाद युद्ध विराम

की एक तरफ़ा घोषणा कर दी। युद्ध में हुई पराजय का शुरुआती जख्म कुछ भरा तो भारत की जनता क्रोधित हो गई। इस वातावरण ने बालक नरेन्द्र के मन पर गहरा असर डाला होगा। उस समय आर.एस.एस के माध्यम से बैठकों में देशभक्ति का पाठ पढ़ाया जा रहा था, जिसमें वीर शिवाजी की गाथाएँ सुनाई जा रही थीं। इसके साथ ही भारत के बड़े-बड़े बलिदानी नायकों के बारे में बताया और उनके जैसा बनने के लिए प्रेरित किया जा रहा था। शायद यही सबसे बड़ा कारण था कि नरेन्द्र ने अपने पिता से कह दिया था कि वे सैनिक स्कूल में पढ़ना चाहते हैं लेकिन गरीबी और जीवन की कठिनाइयों ने उन्हें यह मौक़ा ही नहीं दिया।

किशोर नरेन्द्र ने 1965 का भारत-पाकिस्तान युद्ध घटित होते हुए देखा था। वड़नगर युद्ध मोर्चे के सप्लाई लाइन पर था। युद्ध में जाने वाले सैनिक इसी लाइन से होकर गुजरते थे। कई बार वे घायल अवस्था में लौटते थे और नरेन्द्र उन सैनिकों को मुफ़्त में चाय पिलाते थे। यह कोई साधारण घटना नहीं थी। वड़नगर रेलवे स्टेशन पहुँचने पर मेरे सामने वह तस्वीर उभर कर आ रही थी कि कैसे 15 वर्षीय नरेन्द्र ने यह निर्णय लिया होगा कि उन्हें सब सैनिकों को मुफ़्त में चाय पिलानी है। परिवार जब हर दिन की रोटी जुटाने के लिए अथक परिश्रम में लगा हो, ऐसे में स्वयं ही यह निर्णय लेना कि सैनिकों को मुफ़्त में चाय पिलाना है, यह नरेन्द्र के आत्मविश्वास की बानगी है।

फ्रैंज़ काफ्का कहते हैं, “सत्य को जानना इतना आसान नहीं होता है। उसे देखने के लिए आपको गहराई में उतरना होता है। जीवन में सत्य को ही अपना लक्ष्य मानना चाहिए और इसे पाने के लिए पूरा बल लगाना चाहिए। यदि लक्ष्य को पूरा करने के

लिए निर्दयी भी होना पड़े तो होना चाहिए, क्योंकि भगवान अखरोट तो दे देता है लेकिन तोड़ना उसे स्वयं ही पड़ता है। सत्य को जानने का मार्ग भगवान दिखा सकता है लेकिन चलना स्वयं ही पड़ता है।" नरेन्द्र के माता-पिता ने उन्हें हमेशा सत्य का रास्ता दिखाया था। उस पर चलना वे स्वयं ही सीख गए। इस राह ने नरेन्द्र को संघर्ष के दिनों में राह दिखाने का न केवल काम किया बल्कि कभी न हारने का जज़्बा भी दिया।

13
वैराग्य की यात्रा और माँ का समर्थन

यदि आपने 2019 में आई फिल्म "पीएम नरेन्द्र मोदी" देखी है तो आप मोदी जी की हिमाचल यात्रा से परिचित अवश्य होंगे। नरेन्द्र मोदी के परित्याग की कथा बहुत पहले ही शुरू हो जाती है। आइए जानते हैं बाल नरेन्द्र की वह कथा जिसमें त्याग, दृढ़ निश्चय और प्रतिष्ठा भी है।

3 जून 1967 को 17 वर्षीय नरेन्द्र मोदी ने माँ, परिवार, घर, पढ़ाई सब कुछ छोड़ दिया। कहते हैं हमारी प्रवृत्ति और इच्छा शक्ति कैंची के दो भागों की तरह होती है। एक भाग में अपनी मर्ज़ी करने की स्वतंत्रता है और दूसरा भाग प्रेरणा और प्रवृत्ति देता है। जब दोनों भाग मिलकर चलते हैं तब कैंची अपना काम करती है। एक ओर नरेन्द्र मोदी अपने मन में लगातार चिंतन से उठ रहे प्रश्नों का समाधान चाहते थे, वहीं दूसरी ओर समाज और आसपास के परम्परागत जीवन के साथ सामंजस्य बिठाने का प्रयास कर रहे थे। यही कारण था कि जब भी उन्हें समय मिलता था, वह उन पुस्तकों में लीन हो जाते थे जो उन्हें रास्ता दिखाती

और नया सोचने-करने के लिए उन्हें प्रेरित करती थीं। फिर भी नरेन्द्र मोदी संतुष्ट नहीं थे। अहमदाबाद में मैंने नरेन्द्र मोदी परिवार के हर सदस्य से यह जानने का प्रयास किया कि नरेन्द्र ने इतनी छोटी आयु में इतना बड़ा निर्णय कैसे लिया। परिवार और अपनों को छोड़कर जाना किसी के लिए कभी आसान नहीं होता है। माता-पिता दोनों के लिए यह घटना वज्र के समान थी, परन्तु सभी जानते हैं कि माँ ने तो हमेशा नरेन्द्र का ही साथ दिया। पंकज ने इस पर कहा कि संभवतः अभी वह समय नहीं आया होगा जब सबको यह बताया जाए। यह निर्णय नरेन्द्र भाई का था और वे ही देश-दुनिया को इसके पीछे का कारण बताएँगे। घर से निकलकर नरेन्द्र मोदी ने दो वर्ष तक खानाबदोश जीवन व्यतीत किया। सोम भाई मोदी ने बताया कि नरेन्द्र सबकी सहमति और बड़ों की अनुमति से बाहर जाना तो चाहते थे लेकिन भागकर नहीं। जब सबकी सहमति मिल गई तो माँ ने एक शुभ दिन चुना। उत्सव की तरह घर में अलग-अलग पकवान बनाने की तैयारियाँ हुईं। माँ अन्दर से तो बहुत उदास थी किन्तु वह चाहती थीं कि नरेन्द्र अपने-आप को परखें। बहन बसंती ने मुझे बताया कि पिता दामोदर मोदी तो नरेन्द्र भाई के इस निर्णय से पूर्णतः सहमत नहीं थे किन्तु उन्होंने बेटे की बात मान ली। उनका सारा परिवार और आस-पास के परिवार भी एकत्रित हुए। माँ ने बेटे के माथे पर ऐसे तिलक लगाया, जैसे कि वे नरेन्द्र को किसी रण में भेज रही हो, शायद इसलिए भी क्योंकि परिवार के पास इतना पैसा या साधन नहीं था कि नरेन्द्र के बाहर के जीवन का वित्तपोषण कर पाते। इसके बाद परिवार के सभी सदस्यों ने साथ बैठकर खाना खाया। भोजन में एक विशेष पकवान कंसार भी बनाया गया था (एक मिठाई जो उनके परिवार के शुभ अवसरों पर अवश्य बनाई जाती

थी)। भोजनोपरांत सबका आशीर्वाद लेकर नरेन्द्र अपने मन में चल रहे प्रश्नों का उत्तर ढूंढ़ने एकल यात्रा पर निकल पड़े। मोदी कहते हैं, 'मेरे जीवन में कोई आराम नहीं था। मेरे पास एक छोटा झोला था और मेरा सारा जीवन उसी झोले में था।' नरेन्द्र घर से बहुत कम सामान लेकर निकले थे। वैसे भी परिवार में अभाव के कारण साल भर में किसी विशेष त्योहार पर ही कपड़े बनवाएँ जाते थे। उनके पास बहुत कपड़े नहीं थे, बस कुछ पैसे थे जो उन्होंने अपनी कमाई में से बचाकर रखे थे। ये पैसे नरेन्द्र ने अपने पिता के टी स्टॉल से नहीं बल्कि एक स्थानीय व्यापारी के लिए कुकिंग ऑइल के डिब्बे ढ़ोकर कमाए थे। इन थोड़े से रुपयों से नरेन्द्र कुछ दिन तक अपना जीवन-यापन कर सकते थे।

नरेन्द्र मोदी के इस अनजान सफ़र में गंतव्य का पता नहीं था। इस सफ़र ने बालक नरेन्द्र को दुनिया की समझ देने के साथ-साथ कठिन परिस्थितियों में तप और परिश्रम करना भी सिखाया। नरेन्द्र सर्दी हो या गर्मी, बरसात हो या पतझड़ सब कुछ सहन करने के आदि बन चुके थे। उनकी जेब तो खाली थी परन्तु वे अपनी ज्ञान की जेब भरते जा रहे थे। नरेन्द्र मोदी के जीवन में स्वामी विवेकानन्द का बहुत प्रभाव था। पंकज मोदी ने मुझे बताया कि जब भी घर में हम साथ बैठकर बातें किया करते थे तो, नरेन्द्र भाई हमें स्वामी जी के विचार अवश्य बताते थे। नरेन्द्र मोदी अपनी इस एकल यात्रा में ही हिमालय भी पहुँच गए थे। नरेन्द्र मोदी ने एक टीवी इंटरव्यू में कहा था कि उन्हें अकेले रहना बहुत संतोष देता था। राजीव शुक्ला को दिए एक इंटरव्यू में नरेन्द्र मोदी ने बताया था कि उन्होंने चालीस दिन तक हिमालय में पैदल यात्रा की थी। नरेन्द्र मोदी की अनियोजित इस यात्रा ने उन्हें तपाकर फौलाद बना दिया था। इस यात्रा और

अनुभव का भविष्य में यह परिणाम हुआ कि बढ़ते राजनीतिक पथ के दौरान मिलने वाले प्रलोभन और लालच कभी उन्हें अपने लक्ष्य से हिला न सके। नरेन्द्र मोदी ने एंडी मैरिनो के साथ बातचीत में बताया, 'कई वर्षों तक मैं अलग-अलग परिवारों के साथ खाना खाता था। मैंने कभी एक प्रकार का भोजन नहीं किया था। एक दिन मैं एक परिवार के पास जाकर कहता था कि मैं आऊँगा, कृपया मुझे थोड़ा भोजन दे दें, इसी प्रकार दूसरे दिन दूसरा घर और तीसरे दिन किसी अन्य घर जाता था। हर दिन एक अलग घर में खाना खाता था और जिसके घर में जो खाने के लिए मिला मैंने उसे स्वीकार किया।

नरेन्द्र मोदी घर से निकलने के बाद चलते रहे और समाज से मिलने वाले अनुभव से अपना पेट भरते रहे। शुरुआत में नरेन्द्र पश्चिम बंगाल का रुख करते हुए 1968 की गर्मियों में बेलुड़ मठ पहुँचे। यह मठ कोलकाता के पास हुबली नदी के पश्चिम किनारे पर स्थित है। जिस समय नरेन्द्र वहाँ पहुँचे, उस समय स्वामी माधवानन्द जी महाराज इसके अध्यक्ष थे। एक सप्ताह तक मठ में संक्षिप्त प्रवास के बाद कोलकाता तथा करीबी क्षेत्रों की यात्रा के बाद नरेन्द्र ने उत्तर की ओर कूच किया। इस दौरान उन्होंने ज़िन्दगी के गुजर-बसर के लिए क्या किया, शायद वह अभी भी दुनिया के सामने आना बाकी है। उत्तर में नरेन्द्र अल्मोड़ा के पास स्वामी विवेकानंद द्वारा हिमालय की तलहटी में स्थापित मठ पहुँचे और फिर वे राजकोट स्थित स्वामी विवेकानंद से जुड़े रामकृष्ण मिशन के आश्रम पहुँचे। राजकोट के इस आश्रम में एक बार फिर नरेन्द्र ने अपने-आप को सन्यासी जीवन के लिए अर्पण करना चाहा, लेकिन शायद नियति को यह स्वीकार्य नहीं था। स्वामी आत्मस्थानानंद जी ने

नरेन्द्र से कहा कि उन्हें रामकृष्ण सन्यासी बनने के बारे में भूल जाना चाहिए क्योंकि वे मौलिक रूप से इसके लिए उपयुक्त नहीं हैं। स्वामी आत्मस्थानानन्द जी ने उन्हें बताया कि उनकी नियति कहीं और है तथा उन्हें इसकी खोज भी कहीं और जाकर करनी चाहिए। इसके बाद नरेन्द्र ने अपनी दिशा बदल दी और तब नरेन्द्र का नव-निर्माण प्रारंभ हुआ।

सूफ़ी संत रूमी कहते हैं, 'चुपचाप बैठें और मौन को सुनें। मौन में ही हृदय अपनी सबसे सच्ची आवाज़ प्रकट करता है और उन रहस्यों को फुसफुसाता है जिन्हें आत्मा सरलता से समझ सकती है।'

नरेन्द्र मोदी की यह यात्रा दो वर्ष तक चली। अनुभव को डर रोकता है। यह डर ही तो है जो आपको किसी व्यक्ति, समूह या विचारधारा से जुड़कर पहचान बनाने के लिए प्रेरित करता है। डर आपको पहचान का आश्रय लेने के लिए प्रेरित करता है, किन्तु सत्य का बोध तो एकांत में समय के बिना नहीं हो सकता था। नरेन्द्र मोदी इन दो वर्षों में मौसम के हर रंग को देख चुके थे। उनकी यह यात्रा उनके जीवन को बदलने वाली थी। अब वे सत्य को अनुभव करने के साथ उसे समझ सकते थे और उसके परिणाम तक पहुँच सकते थे। स्वामी विवेकानन्द कहते थे कि दिल और दिमाग़ के बीच के संघर्ष में मनुष्य को हमेशा दिल की आवाज सुननी और चुननी चाहिए। मनुष्य अपने दिमाग़ के अनुसार चले तो छाछ पायेगा और यदि दिल की आवाज़ सुने तो उसे मक्खन मिलेगा। नरेन्द्र मोदी ने अपने दिल की सुनी।

1970 के आरंभ में माँ की खुशी का ठिकाना नहीं रहा जब नरेन्द्र बिना किसी को बताए घर लौट आए। माँ तो हर दिन बेटे को याद करती थी। वह होनहार बेटा जिसके भविष्य के बारे में हर

साधु-संन्यासी से जानने की कोशिश किया करती थी। माँ बेटे की याद में थोड़ी कमजोर हो गई थी, अपना दुख किससे कहती। घर में हर दिन की चुनौतियों ने परिस्थिति को और भी कठिन बना दिया था। जिस समय नरेन्द्र घर आए उस समय माँ रसोई में खाना बना रही थी। मैंने नरेन्द्र मोदी की बहन बसंती से पूछा कि जब आपने इतने समय बाद भाई को देखा तो आपने उनका स्वागत कैसे किया? नरेन्द्र मोदी की बहन बसंती ने कहा, 'मैं तो खुशी के मारे जोर-जोर से चिल्लाने लगी, "भाई आ गए, भाई आ गए।" रसोई से माँ भी दौड़कर आ गई। मैं सोचता हूँ कि माँ के लिए वह पल कैसा रहा होगा। माँ हीराबेन नरेन्द्र को अपने सामने देखकर मानो सब कुछ भूल गई। जैसे हर माँ अपने बच्चे को बहुत दिनों बाद देखकर कहती है, 'अरे कितना दुबला हो गया है तू!' ठीक वैसे ही माँ हीराबेन ने भी अपने बेटे को देखकर कहा कि वह कितना कमजोर हो गया है। नरेन्द्र की दाढ़ी बढ़ी हुई थी और कंधे पर एक झोला लटकाया हुआ था। माँ ने पूछा, 'कहाँ थे इतने दिन?' नरेन्द्र का उत्तर था, 'हिमालय की ओर गया था माँ।' बहन बसंती बताती है, 'माँ ने भाई से खाना खाने के लिए पूछा और इतने दिनों बाद घर लौटे भाई से उनके मनपसंद शीरा के लिए भी पूछा, लेकिन भाई ने मना कर दिया। उस समय घर में मेरे, माँ और भाई के अलावा कोई नहीं था। खाना खाने के बाद नरेन्द्र भाई गाँव की ओर निकल गए। तब माँ ने भाई के झोले को देखा। उसमें केवल एक जोड़ी कपड़ा और एक भगवे रंग की शॉल थी। सबसे नीचे माँ की फ़ोटो थी। माँ भी आश्चर्य में थी कि नरेन्द्र भाई को वह फ़ोटो कहाँ से मिली। भाई चुप-चुप से रहने लगे थे और बहुत कम बोलते थे। ऐसा लग रहा था कि उनके मन में कुछ चल रहा था। घर पर एक रात ठहरने के बाद भाई पुनः यात्रा पर निकल गए।'

14
संघ की ओर बढ़ते नरेन्द्र

अब तक मैं जितना समझ पाया हूँ, यह स्पष्ट है कि बचपन से ही नरेन्द्र मोदी हर काम को बहुत सोच-विचार कर करते थे। हर काम को करने के पीछे कोई विशेष कारण होता ही था। कई वर्षों तक घर से बाहर रहने के बाद घर वापस आकर फिर से उन्होंने घर छोड़ दिया। माँ हीरा बा यह सब खुली आँखों से देखती रही। अहमदाबाद में हीरा बा से मुलाक़ात के दौरान मैंने उनसे पूछा कि आपने कभी बेटे नरेन्द्र को रोका या टोका नहीं। हीरा बा का जबाब था कि वह कभी ग़लत नहीं करता था चाहे घर में या घर के बाहर किसी बात को लेकर निर्णय करना हो, इसलिए मैं उन्हें अपना निर्णय खुद लेने देती थी। उनके चाचा बाबू भाई के पास राज्य परिवहन कार्यालय के निकट एक छोटा-सा जलपान गृह चलाने का विशेषाधिकार था। उन्होंने नरेन्द्र को वहाँ काम दिया। 1966 में गुजरात राज्य परिवहन निगम ने टिकट का दाम बढ़ा दिया जिसको लेकर जनसंघ के लोग गीता मंदिर के पास धरने पर बैठ गए, तभी वहाँ एक युवक

आया जिसने एक तख्ती टाँग रखी थी। इस तख्ती पर दीनदयाल जी की तस्वीर लगी थी। उस पलते-दुबले लड़के ने टिकट के दाम बढ़ाए जाने के विरुद्ध नारे लगाने शुरू कर दिये। अहमदाबाद जैसे शहर में जहाँ पर उस लड़के के परिवार का कोई राजनीतिक संरक्षक नहीं था, वहाँ की व्यवस्था के विरुद्ध खड़े होने की सोच रखना बहुत साहसी कार्य था। उस धरने के संचालक अम्बा लाल कोष्ठी जी ने उस लड़के से बातचीत की तो पता चला कि वह और कोई नहीं वड़नगर के रहने वाले नरेन्द्र दामोदरदास मोदी हैं, जो पास की एक चाय की दुकान में काम करते हैं।

1966 में नरेन्द्र संघ कार्यालय पहुँच गए थे, जहाँ एक बार फिर उनकी मुलाक़ात उनके राजनीतिक गुरू लक्ष्मण राव इनामदार से हुई। वह पहली बार उनसे 1960 के दशक की शुरुआत में तब मिले थे जब इनामदार गुजरात में आरएसएस के प्रांत प्रचारक थे। अपनी पुस्तक रिसर्च के क्रम में जब मैं अहमदाबाद गया था तो संघ कार्यालय में मुझे उस कमरे को देखने का अवसर मिला जिसमें नरेन्द्र मोदी रहा करते थे। यह निचले तल पर एक छोटा-सा कमरा हुआ करता था, जो वकील साहब के कमरे के निकट था। लेखक एंडी मैरिनो से बातचीत में नरेन्द्र मोदी ने बताया है, 'मेरी दिनचर्या कुछ इस तरह थी—सुबह पाँच बजे जगना, दूध ले आना, हर किसी को जगाना, सुबह की प्रार्थना में शामिल होना, चाय बनाकर सभी को पिलाना, फिर बर्तन साफ़ करना, शाखा जाना और लौटकर सबके लिए नाश्ता बनाना। मैं 8.30 से 9.30 बजे नाश्ता परोसता था और भोजन करने के बाद सफ़ाई का काम सम्पन्न करता था—नौ कमरों में झाड़ू-पोछा और वकील साहब के कपड़े धोना। दोपहर के भोजन के लिए मैं बारी-बारी

से स्वयंसेवकों के घर जाता था। हेडगेवार भवन लौटने के बाद एक बार फिर मैं अपने काम में जुट जाता था और शाम को सबके लिए चाय बनाता था। एक साल तक यही प्रक्रिया चली और इस दौरान मैं लोगों से मिलता रहा।' नरेन्द्र मोदी ने अपने-आप को गुरू और संघ को समर्पित कर दिया था। समर्पण के बाद भी नरेन्द्र माँ को एक पल के लिए भी नहीं भूले। भारत माँ, माँ जगदम्बा या माँ हीराबेन नरेन्द्र के लिए इनके रूप भिन्न थे परन्तु भाव एक ही था। साक्षी भाव में नरेन्द्र मोदी लिखते हैं, 'एक भक्त की अपनी आराध्य माँ के समक्ष आर्द्र पुकार है। यह पुकार उदय की किसी रहस्यमयी गुफा से निकलती है और मानस पटल पर चक्रवाती मेघ की तरह छा जाती है। मैं भी आपके समान गुण-दोष भरा मानव ही हूँ। सबके समान मैं भी अपने व्यक्तित्व के विकास का निरंतर प्रयास करता हूँ।

माँ मुझे स्व के पूर्ण होने की प्रतीक्षा है। माँ मुझे प्रतीक्षा है, मेरे अपनेपन के अनंत विस्तार की। माँ मुझे प्रतीक्षा है, स्वयं बन जाने की। माँ मुझे प्रतीक्षा है भावनाओं के बरसते प्रपात के नीचे बालक बनकर नहाने की और प्रतिफल भीगते रहने की।' नरेन्द्र कहीं भी रहे हों माँ सदैव उनके अंतरमन में बसी रही और उन्हें प्रेरणा देती रही।

धीरे-धीरे गुरू लक्ष्मण राव इनामदार का भरोसा नरेन्द्र मोदी पर बढ़ रहा था। वे समय-समय पर नरेन्द्र को कसौटी पर कसने का काम कर रहे थे। नरेन्द्र मोदी के साथ शिक्षा वर्ग का तीनों साल पूरा करने वाले भगीरथ भाई देसाई ने मुझे बताया, 'पहले वर्ष की ट्रेनिंग हमने और नरेन्द्र मोदी ने 1973 में नडियाद में पूरी की थी। दूसरे साल की ट्रेनिंग 1974 में होनी थी लेकिन। नवनिर्माण आन्दोलन के कारण नहीं हो पाई। इसके बाद 1975

में बड़ौदा के बाजवा ज़िले में हम लोगों का द्वितीय वर्ष का संघ शिक्षा वर्ग का प्रशिक्षण सम्पन्न हुआ। आपातकाल के तुरन्त बाद नागपुर में तृतीय वर्ष की संघ शिक्षा वर्ग का प्रशिक्षण सम्पन्न हुआ।'

नरेन्द्र मोदी ने साक्षी भाव में एक शिविर को लेकर लिखा है, 'शिविर का प्रथम दिवस पूर्ण हुआ और दूसरे दिन के कार्यों की भरमार है। विशेष प्रकार का उत्साह दिखाई देता है। कारण है, परम पूज्य सरसंघचालक जी पधारने वाले है। सब कुछ भाविक और स्वाभाविक रूप से होता है। शब्द और जीवन साथ-साथ जुड़े हैं, अलग नहीं हैं। शिविर का अंतिम दिवस आ गया है। निर्माण के साथ निर्वाण और सर्जन के साथ विसर्जन होता है। इतनी अधिक मेहनत की और इतनी शीघ्रता से शिविर का अंतिम दिन भी आ गया। इसका थोड़ा दुख भी है। सब कुछ अल्पजीवी है, इसकी वेदना है।'

राष्ट्रपति अब्दुल कलाम ने अपनी पुस्तक "आपका भविष्य आपके हाथों में" में लिखते हैं, 'हमारी माँयें दिन-रात बच्चे पालने, घर की देखभाल करने और त्याग एवं परिश्रम करने में ही अपना जीवन बिताती हैं। एक दिन हम सब भाई-बहन बैठे खाना खा रहे थे तो माँ मुझे एक के बाद एक रोटी देती जा रही थी। जब मैं खा चुका था तो मेरे भाई ने मुझे बुलाया और डाँटा, "कलाम तुम्हें पता है कि क्या हो रहा था? तुम रोटी पर रोटी खाते चले जा रहे थे और माँ तुम्हें एक के बाद एक देती चली जा रही थी। उन्होंने अपने हिस्से की सारी रोटियाँ भी तुम्हें दे डाली। अभी हमारे घर का बहुत बुरा समय चल रहा है। समझदार बेटे बनो और माँ को भूखा मत रखो।" यह सुनकर मैं काँपने लगा, दौड़कर माँ के पास गया और उनके गले लग गया।'

नरेन्द्र मोदी को जब से थोड़ी समझ आई तब से उन्होंने ज़्यादातर समय घर से बाहर ही व्यतीत किया था। नरेन्द्र मोदी के गुजरात में अलग-अलग जगह रहने से बेटे और माँ में दूरी तो स्वाभाविक थी, किन्तु नरेन्द्र ने हर दिन माँ को याद किया और हर दिन माँ हीराबेन ने बेटे को वहीं से आशीर्वाद दिया। माँ हीराबेन और बेटे नरेन्द्र ने अपनी बातें अपने छोटे भाई पंकज मोदी के ज़रिए माँ के पास पहुँचाने का काम करते थे। वड़नगर में घर पर टेलीफोन नहीं था इसलिए पंकज हर सप्ताह अहमदाबाद आते रहते थे। जब माँ को बेटे नरेन्द्र तक कोई अपनी बात पहुँचानी होती थी तो पंकज ही अहमदाबाद जाते थे। यदि नरेन्द्र भाई संघ कार्यालय में तो तुरन्त मिलना और बात हो जाती थी नहीं तो पंकज संघ कार्यालय में माँ का संदेश और भेजा गया समान छोड़ आते थे। राजनीति में नरेन्द्र धीरे-धीरे आगे बढ़ रहे थे लेकिन माँ हीरा बा की नज़र भी बेटे पर हमेशा लगी रहती थी।

15

भारत में आपातकाल, माँ की चिंता

आज के दौर में सब्र देखना बहुत दुर्लभ है। जब हमें कुछ चाहिए होता है तो सेलफोन उठाते हैं और ख़रीद लेते हैं, कुछ पढ़ना होता है तो इन्टरनेट खोलते हैं और पढ़ लेते हैं, लेकिन सच तो यह है कि जीवन में महान उपलब्धियाँ एक-दो दिन में नहीं बल्कि लगातार संघर्ष से प्राप्त होती हैं। हिन्दी के प्रसिद्ध कवि सुदामा प्रसाद धूमिल ने दशकों पहले लिखा था, "लोहे का स्वाद लोहार से मत पूछो, उस घोड़े से पूछो जिसके मुँह में लगाम है।" पीड़ा को व्यक्त करने के लिए इससे मार्मिक पंक्तियाँ शायद ही कहीं मिलें। आपातकाल में बेटे नरेन्द्र के लिए माँ की दशा भी कुछ ऐसी ही थी।

25 जून 1975 को भारतीय लोकतंत्र के इतिहास को एक काले दिन के रूप में याद किया जाएगा। इसी दिन विश्व के सबसे बड़े लोकतंत्र पर आपातकाल थोपा गया था। 21 महीने के आपातकाल के स्याह खंड के दौरान इसके विरुद्ध चले संघर्ष ने भारत के लोकतंत्र के मूल्यों को प्रबल बनाने का काम किया।

राष्ट्रीय स्वयंसेवक संघ के युवा कार्यकर्ता के रूप में नरेन्द्र मोदी ने इसमें अहम भूमिका निभाई थी। जब आपातकाल पूरे देश में लागू किया गया, उस समय नरेन्द्र मोदी केवल 25 वर्ष के थे। इस दौरान संगठन के लिए काम करते हुए नरेन्द्र मोदी ने अनेक भूमिकाएँ निभाईं। कभी वे साधु तो कभी सरदार जी बनते थे। एक बार तो उन्होंने अगरबत्ती बेचने वाले का रूप भी धारण किया था। पुलिस की लाख कोशिशों के बावजूद भी नरेन्द्र मोदी को गिरफ्तार नहीं किया जा सका। इसी स्याह काल-खंड में मोदी ने गुजरात का चप्पा-चप्पा छाना। उस समय आपातकाल की गतिविधियों के प्रमुख केन्द्र वड़ोदरा, राजकोट, व अहमदाबाद जैसे शहर थे। नरेन्द्र मोदी का इन सभी केन्द्रों पर निरंतर आना-जाना था।

नवसारी में संघ के वरिष्ठ कार्यकर्ता कांति भाई व्यास कहते हैं, ‘नरेन्द्र मोदी ने आपातकाल के दिनों गुजरात में बड़ी भूमिका निभाई। तकरीबन संघ के हर प्रचारक के विरुद्ध पुलिस ने वारण्ट जारी कर दिया था। यही वजह थी कि सब लोग भूमिगत हो गए थे। नरेन्द्र मोदी भी छिपकर रह रहे थे।’ संघ का काम चलता रहे इसके लिए लगातार प्रयास हुए।

संघ कार्यकर्ता प्रकाश मेहता कहते हैं, ‘कभी वे तड़के सुबह तो कभी रात में आते थे।’ वे आगे बताते हैं, ‘एक बार उन्होंने मुझे एक व्यक्ति को अज्ञात जगह पर स्कूटर से छोड़कर आने के लिए कहा। मुझे उनसे कोई सवाल नहीं करना था, यहाँ तक कि उनका नाम भी नहीं पूछना था। मैं गया और उन्हें तय जगह पर छोड़ आया। एक महीने के बाद मुझे पता चला कि जिस व्यक्ति को मैं छोड़ने गया था, वे दत्तोपंत ठेंगड़ी थे, जो राज्यसभा के सांसद थे तथा उस समय भारतीय मज़दूर संघ का काम देख

रहे थे।' आपातकाल के दौरान सैकड़ों कहानियाँ हैं जहाँ नरेन्द्र भाई मोदी ने कितने लोगों के प्राणों की रक्षा की, कितने परिवारों को भोजन उपलब्ध करवाया और कितने ही पदाधिकारियों के जेल जाने पर उनके परिवार की देखभाल की।

वलसाड के पुराने संघ कार्यकर्ता राजन दया भाई भट्ट ने बताया, 'आपातकाल के दिनों में मेरे पिता अपने-आप को बचाने के लिए भूमिगत रहते थे। उस समय मैं बहुत छोटा था और मेरी माँ अकेले रहती थी। कई स्वयंसेवक हमारे यहाँ आते थे लेकिन विशेषकर नरेन्द्र मोदी। वे उस मुश्किल घड़ी में हमारी मदद करते थे और हौसला बढ़ाते थे।' राजन भाई ने ज़ोर देकर कहा, 'उस मुश्किल घड़ी में मोदी जी का ध्यान रखने वाला व्यवहार भूले नहीं भूलता है।'

वड़ोदरा की संघ कार्यकर्ता ललिताबेन ओझा कहती हैं, 'आपातकाल के दिनों में मेरे पिता 14 महीने के लिए जेल में थे। नरेन्द्र मोदी हर दूसरे दिन मेरे यहाँ आते थे और हमारा ध्यान रखते थे। यह सुनिश्चित करते थे कि घर पर पर्याप्त राशन है या नहीं। कोई अन्य ज़रूरत होती तो उसके लिए भी हर संभव प्रयास करते थे।'

उस समय नरेन्द्र मोदी के काम की चमक अलग-अलग पार्टियों के नेताओं ने भी देखी, वे भी जो इस आपातकालीन आन्दोलन को धार दे रहे थे। इसमें समाजवादी नेता भी शामिल थे। साम्यवादी संघ के बड़े नेताओं की दृष्टि भी नरेन्द्र मोदी पर पड़ी। उन विपरीत परिस्थितियों में काम करना ही नहीं बल्कि उसे सही अंजाम तक पहुँचाना भी महत्वपूर्ण था। नरेन्द्र मोदी ने यह कर दिखाया था।

इधर माँ तो गाँव वड़नगर में थी। आपातकाल के दौरान संघ के अधिकांश नेता और कार्यकर्ताओं को जेल में डाल दिया

गया था, हर दिन गिरफ़्तारी की तलवार लटकी रहती थी। ऐसे में अनुमान लगाया जा सकता है कि माँ हीराबेन की अवस्था कैसी रही होगी। पंकज मोदी ने मुझे बताया कि कैसे आपातकाल के समय माँ अपने बेटे नरेन्द्र के लिए चिंतित और व्यथित रहती थी। उस दौरान पंकज अहमदाबाद में 'हिन्दुस्तान' समाचार के लिए काम करते थे। कई दिन बीत जाने पर नरेन्द्र भाई कभी-कभी पंकज को ऑफिस में फ़ोन करके माँ की कुशलता पूछ लिया करते थे। एक बार जब कई दिनों तक पंकज के पास कोई फ़ोन नहीं आया और उन्होंने घर पर बताया तो माँ हीराबेन और दामोदरदास मोदी दोनों बहुत चिंतित हो गए। माँ हीराबेन आकुल हो गई और उन्होंने बेटे से मिलने की ठान ली, लेकिन यह सरल नहीं था, क्या करते, नरेन्द्र भाई से माता-पिता को कैसे मिलवाते किन्तु हाँ, पंकज के मामा बाबू भाई मोदी अहमदाबाद में रहते थे।

'एक दिन नरेन्द्र भाई का मेरे कार्यालय में सन्देश आया कि माँ और पिता जी को मामा के घर पर ले आओ। मैं वहीं रात को 9.00 बजे आऊँगा। माँ और पिता जी दोनों बस बेटे से मिलने की तैयारी में लग गए। माँ सोचने लगी कि नरेन्द्र भाई के लिए कुछ खाने को ले जाएँ, उनकी मन पसंद कोई मिठाई बना लें।', पंकज ने बताया। कभी-कभी हम लोगों को ऐसा लगता था कि माँ तो बस नरेन्द्र भाई के लिए ही जीती थी, लेकिन माँ का दिल बेटे के लिए क्या होता है ये तो बस माँ ही जानती है। उन्होंने सोचा होगा कि मेरा बेटा कुछ ठीक से खा-पी नहीं रहा होगा तो मैं उसे कुछ उसकी पसंद का खिला दूँगी।

'नौ बजने से बहुत पहले ही माँ, पिता जी और मैं मामा के घर पहुँच गए थे। ठीक नौ बजे घर पर एक सरदार जी का

आगमन हुआ। नरेन्द्र भाई की उस समय यही वेशभूषा थी जिससे कि कोई उन्हें पहचान न पाए। एक बार तो सब लोग डर गए कि नरेन्द्र भाई की जगह कौन आ गया। माँ तो रोने ही लगी थी। मुझे आज भी याद है कि माँ के आँसू किस तरह गिरते जा रहे थे, तभी नरेन्द्र भाई ने आगे बढ़कर माँ को प्रणाम किया और "माँ" कहा। नरेन्द्र भाई की आवाज़ जब माँ के कान में पड़ी तो माँ हीराबेन को सब्र हुआ कि वह सरदार जी नरेन्द्र भाई ही थे। नरेन्द्र भाई बोले कि यह सब वह भारत माँ के लिए कर रहे हैं।' पंकज ने वह पूरा वृत्तांत सुनाया। माँ हीराबेन और दामोदरदास मोदी जी को इस बात का संतोष था कि उनका बेटा सही राह पर था। हाँ! अपने बेटे को लेकर डर तो अवश्य था लेकिन भारत माँ के लिए उन्होंने अपने बेटे से कोई सवाल-जबाब नहीं किया। वे केवल इतना बोले कि अपना ध्यान रखना। जब नरेन्द्र मामा के घर से निकलकर जा रहे थे तो माँ बस उन्हें ही देखे जा रही थी कि अब न जाने कब अपने लाल नरेन्द्र को मिल या देख पायेगी।

16

नरेन्द्र की तपस्या और माँ का सहयोग

तपस्या, त्याग, बलिदान हमेशा किसी को समाज, देश और दुनिया में उच्च प्रतिमान देती है। पुस्तक "नरेन्द्र मोदी: एक राजनीतिक यात्रा" में एंडी मैरिनो लिखते हैं, 'माँ हीराबेन ने अपने बेटे में उपाय कुशलता और बौद्धिक भूख आंरभ से देखी है। उन्हें यही डर था कि एक दिन इस घर और कस्बे से नरेन्द्र भाग जाएँगे और संसार की हर चीज को पीछे छोड़ जाएँगे। माँ वह सब देख सकती थी जो दूसरे नहीं देख सकते थे। नरेन्द्र की पारिवारिक जीवन में बिल्कुल दिलचस्पी नहीं थी।' मैरिनो ने लिखा है, 'मोदी मुस्कुरा कर कहते हैं, 'नवाचार और नए विचार मूलत: मेरा स्वभाव था। मेरे अन्दर एक बेचैनी भरी हुई थी।'

श्रीमदभगवद् गीता में लिखा है, "जो निष्ठावान व्यक्ति इन्द्रियों को नियंत्रित करने योग्य हो, वही ज्ञान को पाता है; वह ज्ञान जो उसे सर्वोच्च शांति की ओर ले जाता है।" हमने देखा है कि प्रायः बच्चे अपने माता-पिता से चाँद, सितारे या विलासिता

पूर्ण चीजों के लिए हठ करते हैं, लेकिन तपस्या करने आश्रम में जाने के लिए सन्यास धारण करने के लिए हठ करने वाला मैंने केवल नरेन्द्र मोदी को ही देखा। अपने-आप को कसौटी पर कसने के लिए दुनिया की ठोकर खाकर ज्ञान प्राप्त करने और सीखने के लिए खुले आसमान में धूल, गर्मी, ठंड, सबसे लड़ने के लिए नरेन्द्र तैयार थे। नरेन्द्र की यह पहली तपस्या थी जिसे लोग जानते हैं। 17 वर्ष की आयु में 1967 की यह यात्रा निरंतर गतिविधियों से भरी थी। इसमें साहस, अनिश्चितता और रोमांच था। अनेकों राज्यों, शहरों, कस्बों, जंगलों और पहाड़ों से गुजरते-गुजरते नरेन्द्र मोदी सत्य को समझने और पहचानने लगे थे। 1891 एक ऐसी ही यात्रा ली थी एक युवक ने, जिनका नाम नरेन्द्रनाथ दत्त था। क्या यह मात्र एक संयोग है कि स्वामी विवेकानंद का नाम भी नरेन्द्र था? राजेंद्र मोहन भटनागर ने अपनी पुस्तक 'विवेकानंद' में लिखा है, '1891 में शुरू हुई यह यात्रा ज्ञात-अज्ञात उनको आगे चलने का आदेश देती रही और पीछे की ओर देखने नहीं दे रही थी। अनन्त आध्यात्मिक, सामाजिक और रहस्यमयी अनुभूतियों ने उनके चित्त को इतना आत्मकेन्द्रित कर दिया था कि कई बार वे स्वयं को भी भूल गए।'

नरेन्द्र मोदी को स्वामी विवेकानंद के प्रति अपार निष्ठा थी। नरेन्द्र मोदी ने अपनी यात्रा पर स्वामी विवेकानंद जी की अधिकांश साहित्यिक कृतियों को आत्मसात कर लिया था। उनके लिए ये दो वर्ष ज्ञान से भरपूर किन्तु आरामरहित थे। इन दो वर्षों में उन्होंने दुनिया के हर रंग को देखा और परखा तथा साथ ही बहुत-सी कठिनाइयों का सामना भी किया।

नरेन्द्र मोदी जब भी बड़ा संकल्प लेते थे तो उसे सिद्दत से पूरा करते थे। उदाहरण के तौर पर 1985-1987 में गुजरात लगातार अकाल से जूझ रहा था। नरेन्द्र मोदी ने सरकार की अकर्मण्यता को लोगों के सामने लाने के लिए गुजरात में दिसम्बर 1987 में न्याय यात्रा की शुरुआत की। यह यात्रा 115 जिलों से होते हुए 15,000 गाँवों तक जानी थी। नरेन्द्र मोदी जब भी किसी यात्रा की शुरुआत करते तो वह उसे तप से सम्पन्न करते थे। लेखक किशोर मकवाणा के साथ 'कॉमन मैन नरेन्द्र मोदी' पुस्तक लेखन क्रम के दौरान बातचीत में नरेन्द्र मोदी ने बताया था, 'मैं दो घंटे पूजा करता हूँ। हर दिन प्राणायाम, योगा और ध्यान करता हूँ। कई वर्षों से मैं अम्बा जी की पूजा करता हूँ और शक्ति की आराधना करता हूँ। नवरात्रि में केवल पानी लेकर उपवास करता हूँ और जाप करता हूँ। दूध-चाय, जूस, नमक, शक्कर और फल नहीं बल्कि केवल पानी का सेवन करता हूँ।'

1989 में जो 'लोक शक्ति रथयात्रा' निकली थी, नरेन्द्र मोदी ही उसके मार्ग से लेकर सभाओं तक हर चीज को तय कर रहे थे। इस यात्रा का उद्देश्य था समाज की कुरीतियों को बढ़ाने वाले शराब माफिया का सफाया। अम्बा जी के मंदिर से आरंभ हुई यह यात्रा 10,000 गाँवों से गुजरी। नरेन्द्र मोदी की यह विशेषता है कि यदि वह कुछ भी नया, भव्य और दिव्य की शुरुआत करते हैं तो वे उसे कठिन तप से करते हैं। उनका मानना है कि यदि शुरुआत शुद्धता, आत्मसंयम, पवित्रता और अध्यात्म से होती है तो उस महान लक्ष्य को प्राप्त करने का अलग ही आन्नद होता है। 'कॉमन मैन नरेन्द्र मोदी' में किशोर मकवाणा से बातचीत में नरेन्द्र मोदी कहते हैं, 'जब लालकृष्ण

आडवाणी की सोमनाथ अयोध्या रथयात्रा निकली तब मेरी कसौटी हुई। यात्रा की पूरी व्यवस्था की जिम्मेदारी मेरी थी। उस समय नवरात्र के दिन थे। मैं केवल पानी ही लेता था, कुछ खाता-पीता नहीं था। तीसरे दिन जब आडवाणी जी की पत्नी कमला भाभी को पता चला कि मैं कुछ खाए-पिए बिना ही काम करता हूँ तो उनकी आँखों में आसूँ आ गए। उन्होंने मुझ से कहा, "नरेन्द्र भाई, क्या इस तरह दौड़ा-दौड़ी की जाती है? शरीर को थोड़ा आराम दीजिए।" मैंने उनसे कहा कि यही मेरा जीवन है, मुझे इसमें आन्नद आता है।'

नरेन्द्र मोदी जब कैलाश मानसरोवर की यात्रा पर गए थे, तब भी ऐसा ही कठोर व्रत देखने को मिला। एक ओर यात्रा के द्वारा वे अपने ज्ञान की जेब भर रहे थे तो दूसरी ओर कठिन व्रत का पालन करते हुए लोगों को उपदेश देते रहे। कैलाश मानसरोवर यात्रा कर रही उसी ग्रुप की साथी जयश्री बहन त्रिवेदी बताती हैं, 'वे गेरुआ वस्त्र धारण करते थे, इसलिए हम लोग उन्हें स्वामी जी कहते थे। हम लोग तीन दिन की यात्रा करके जब कैलाश पहुँचे तो उस दिन गुरू पूर्णिमा थी। नरेन्द्र मोदी तो तपस्या और व्रत करने के लिए ग्रुप में प्रसिद्ध हो गए थे। कैलाश में नरेन्द्र भाई ने हम सभी ग्रुप के लोगों को गुरू के महत्व के बारे में बताया।'

जब मैं गुजरात के अहमदाबाद में माँ हीराबेन और पंकज मोदी से मिलने उनके घर गया था, तब वह सितम्बर का महीना था। अमेरिका की यात्रा पर गए प्रधानमंत्री नरेन्द्र मोदी ने तब भी नवरात्री का व्रत रखा हुआ था। अमेरिका में भी उन्होंने उन नियमों का कठोरता से पालन किया। जब मैंने नरेन्द्र मोदी के व्रत-संकल्प को लेकर माँ हीराबेन से पूछा तो उन्होंने मुझे

बताया कि 'वह बचपन से ही ऐसा है, जो ठान लेता है वह करके दिखता है। तपस्या उसके रग-रग में है, इसमें वह कोई समझौता नहीं करता।' नरेन्द्र मोदी ने माँ के लिए एक लेख में लिखा है, 'एक समय था जब मेरी दिनचर्या के कारण और मेरे तरह-तरह के प्रयोगों से कई बार माँ को मेरे लिए अलग से व्यवस्था करनी पड़ती थी। इसके बावजूद उनके चेहरे पर कभी शिकन नहीं आई, और कभी इसे बोझ नहीं माना। मैं महीनों खाने में नमक छोड़ देता था, कई बार हफ्तों तक अन्न त्याग देता था और केवल दूध पिया करता था। कभी तय कर लेता था कि अब मैं छः महीने तक मीठा नहीं खाऊँगा। सर्दी के दिनों में खुले में सोता था और मटके के ठंडे पानी से नहाता था। मैं अपनी परीक्षा स्वयं ही ले रहा था। माँ भी जिद्द नहीं करती थी। वह कहती, "ठीक है भाई, जैसा तुम्हारा मन करे।" माँ तो स्वयं ही बहुत नियम से चातुर्मास किया करती थी, इसलिए नवरात्रि के समय माँ को मेरे नियम पता थे। पहले तो नहीं कहती थी लेकिन अब कहने लगी थी, "इतने साल तो कर लिया, अब नवरात्र के समय जो कठिन व्रत और तपस्या करते हो उसे थोड़ा सरल कर लो।" मोदी कहाँ अपने व्रत नियम बदलने वाले थे। ये सीख तो बचपन से माँ ने ही दी थी कि हर काम को शुद्धि से करो। अब तो माँ चिंता से कहती थी, क्योंकि वह नहीं चाहती थी कि बेटा परेशान हो।

कई चुनाव के दौरान भी नरेन्द्र मोदी ने अपने वत्र और तपस्या को कभी नहीं छोड़ा और धीरे-धीरे वह उसे और कठोर बनाते रहे।

अयोध्या में भव्य राम मंदिर की प्राण प्रतिष्ठा से पहले भी तो प्रधानमंत्री नरेन्द्र मोदी ने 11 दिनों का कठिन अनुष्ठान किया

था। कई दलों के नेताओं ने इस पर कई सवाल भी उठाए कि नरेन्द्र मोदी ऐसा कैसे कर सकते हैं। यह संभव नहीं है। लोगों को शायद इस बात की जानकारी नहीं थी कि मोदी यह सब तो बचपन से करते आ रहे हैं, यह सब उनके लिए कोई नई बात नहीं थी। माँ हीरा बा तो बेटे के इस तप की गवाह रही है। अयोध्या में व्रत और उपवास के क्रम उन्होंने यम नियमों का पालन किया था। इस दौरान उन्होंने केवल नारियल पानी व फल का सेवन किया और भूमि पर शयन किया। श्रीराम जन्मभूमि तीर्थ क्षेत्र के कोषाध्यक्ष गोविंददेव गिरि महाराज ने देश को बताया कि हमने प्रधानमंत्री मोदी का उपवास खुलवाने के लिए जल में शहद और नींबू मिलाकर पिलाने की सोची थी, लेकिन मोदी इससे सहमत नहीं थे। पीएम मोदी ने उपवास खोलने के लिए उनसे विशेष रूप से राम के चरणामृत माँगा।

गोविंददेव गिरि महाराज ने अपने भाषण में कहा था, ‘हमने प्रधानमंत्री से तीन दिन का उपवास रखने को कहा था, लेकिन उन्होंने 11 दिन का पूरा अनुष्ठान करने का निर्णय किया।’

कहते हैं न फलों से लदे वृक्ष ही झुकते हैं। मोदी ने 11 दिन का अनुष्ठान आरंभ करने से पहले एक्स (ट्विटर) पर पोस्ट किया था। जिसमें वह कहते हैं, ‘अयोध्या में रामलला की प्राण प्रतिष्ठा में केवल 11 दिन ही बचे हैं। मेरा सौभाग्य है कि मैं भी इस पुण्य अवसर का साक्षी बनूँगा। प्रभु ने मुझे प्राण प्रतिष्ठा के दौरान सभी भारतवासियों का प्रतिनिधित्व करने का निमित्त बनाया है। इसे ध्यान में रखते हुए मैं आज से 11 दिन का विशेष अनुष्ठान आरंभ कर रहा हूँ। मैं आप सभी जनता-जनार्दन से आशीर्वाद का आकांक्षी हूँ।’ इसमें प्रधानमंत्री मोदी की विनम्रता और विनयता छलकती है।

नरेन्द्र की तपस्या और ख़ुद को कसौटी पर कसने की प्रवृत्ति ने माँ हीरा बा को हमेशा सोचने के लिए मजबूर किया होगा, किन्तु माँ ने हमेशा बेटे का ही साथ निभाया और उनकी इच्छा का सम्मान किया... किन्तु यहाँ पर मैं ये भी कहना चाहता हूँ कि माँ ने बेटे पर हमेशा नज़र रखने का काम किया... नरेन्द्र को कभी कमजोर होने नहीं दिया... बचपन में नरेन्द्र व्रत करते तो उसे सफल बनाने के लिए माँ हीरा बा त्याग करती... नरेन्द्र मोदी की बहन बसंती ने मुझे बताया कि जब भाई व्रत करते तो पूरे परिवार के लिए उस दिन व्रत का प्रसाद खाने के तौर पर बन जाता था... जिसे सभी लोग खा लेते... उदाहरण के तौर पर आलू-कान्दा के साथ शिकंजी... यह सब माँ ही तो करती थी। बसंती बहन ने मुझे यह भी बताया कि कई मौक़े तो ऐसे होते थे जिसमें माँ हीरा बा और भाई नरेन्द्र दोनों लोग एक साथ व्रत और तपस्या कर रहे होते थे।

17

माँ की सेवा भावना और घरेलू नुस्ख़े

माँ हीराबेन ने बहुत छोटी आयु में यह समझ लिया था कि अन्दर का हुनर आपको अन्य लोगों से अलग कर देता है, समाज में आपको अलग पदवी और आदर-सम्मान देता है। माँ हीराबेन के घर कोई भी आता तो वह उसकी मदद किए बिना नहीं रहती थी। जब मैं अहमदाबाद में माँ हीराबेन और पंकज मोदी से मिला था तो पंकज ने मेरे सामने माँ के हुनर का पिटारा खोल दिया। माँ हीराबेन का बचपन में घर पर आने वालों की सेवा और घरेलू इलाज करने का आँखों देखा वर्णन बताया। यह हर किसी को प्रभावित करता है। हमें यह भी बताता है कि जहाँ प्रेम है, वहीं सेवा भाव है और जहाँ सेवा भाव उर्वर होता है, वहीं प्रेम का बीज अंकुरित होने लगता है। दोनों इंसानियत के ऐसे कुटीर हैं जिनमें संसार की सभी सच्ची आस्थाएँ आश्रय पाती हैं। भारत में प्रेम और सेवा-भाव का एक बहुत महत्वपूर्ण स्थान है। माँ

हीराबेन गरीब होने के बाद भी असहाय, दुखी और पीड़ित लोगों की सहायता करने के लिए सदैव तत्पर रहती थी।

पंकज मोदी ने मुझे बताया, 'घरेलू इलाज के लिए सुबह से ही लोग मेरे घर पर जुटने लगते थे। नाभि खिसक जाने से उल्टी आना, जी मिचलाना, घबराहट या क़ब्ज़ की समस्या हो जाती है। यदि नाभि आगे-पीछे खिसक जाए तो पेट में असहाय दर्द होने लगता है। यही नहीं कई बार महिलाओं की नाभि खिसकने से माहवारी देर से या जल्दी हो सकती है। यह सभी बेहद गंभीर बीमारियों के लक्षण हैं। माँ हीराबेन इसका इलाज करना जानती थी।'

पंकज आगे बताते हैं, 'हम गरीब अवश्य थे परन्तु माँ का दिल बहुत बड़ा था। वह भूखे पेट आने वाले मरीज़ों को ख़ासतौर पर बच्चों और बुज़ुर्गों को कुछ खिलाकर ही भेजती थी। माँ उन लोगों की भी चिकित्सा करती थी जिसका गला बैठ गया हो या ख़राब हो गया हो। माँ बहुत सटीक देशी उपाय बताया करती थी। अधिकतर छोटे बच्चे या बजुर्ग गला बैठना, गले में चुभन, निगलने में दिक़्क़त, नाक से पानी गिरना जैसी समस्याओं के साथ आते थे। सुबह के कामकाज समाप्त करके माँ बैठ जाती और एक-एक करके सबकी परेशानी सुनती, समझती और समाधान बताती थी। माँ के हाथ में बहुत जस था, उनके स्पर्श मात्र से मरीज़ ठीक हो जाते थे।'

नरेन्द्र मोदी ने माँ के लिए लेख में लिखा है, 'माँ में जितनी संवेदनशीलता और सेवाभाव है, उतनी ही ज़्यादा उनकी नज़र पारखी है। माँ छोटे बच्चों के उपचार के कई देसी तरीक़े जानती है। वड़नगर वाले घर में तो छुट्टी के दिन लम्बी क़तार लग जाती थी। लोग 6-8 महीने के बच्चों को भी दिखाने के

लिए आते थे। इलाज करने के लिए माँ को कई बार बहुत बारीक चूर्ण की आवश्यकता होती थी। इस चूर्ण को जुटाने की जिम्मेदारी हम घर के बच्चों की थी। माँ एक कटोरी के मुँह पर कपड़ा कसकर बाँध देती थी और 5-6 चुटकी चुल्हे से निकली राख उस पर रख देती थी, फिर धीरे-धीरे हम उस राख को उस कपड़े पर रगड़ते थे। ऐसा करने पर राख के जो सबसे महीन कण होते थे, वे कटोरी में जमा हो जाया करते थे। माँ का निर्देश होता, "अपना काम अच्छे से करना, राख के मोटे दानों की वजह से बच्चों को कोई दिक़्क़त नहीं होनी चाहिए।"

इसी कड़ी में नरेन्द्र मोदी ने आगे कहा है, 'मुझे माँ के नुस्ख़े और सूझबूझ को लेकर एक बात और याद आ रही है। एक बार पिता जी को एक धार्मिक अनुष्ठान करवाना था। इसके लिए हम सब लोगों को नर्मदा के तट पर जाना था। भीषण गर्मी थी इसलिए हम लोग वहाँ जाने के लिए सुबह-सुबह ही निकल गए थे। क़रीब तीन-चार घंटे का सफ़र रहा होगा। हम जहाँ बस से उतरे वहाँ से आगे का रास्ता पैदल ही तय करना था, लेकिन गर्मी इतनी थी कि ज़मीन से जैसे आग निकल रही थी। हम लोग नर्मदा के किनारे पर पानी में पैर रखकर चलने लगे। नदी में इस तरह से चलना आसान नहीं होता है। कुछ ही देर में हम बच्चे बुरी तरह से थक गए और हमें जोर से भूख भी लग गई थी। माँ ने पिता जी को थोड़ी देर रुकने को कहा और कहीं आस-पास से गुड़ लाने को कहा। पिता जी दौड़ते हुए गए और कहीं से गुड़ ख़रीदकर ले आए। तब मैं बच्चा था लेकिन गुड़ खाने के बाद पानी पीकर जैसे शरीर में नई ऊर्जा आ गई। हम सभी मिलकर फिर चल पड़े।' उस गर्मी में पूजा के लिए बहार

पैदल निकलना, माँ की वह समझदारी, पिता जी का गुड़ ख़रीद कर लाना और फिर नई ऊर्जा के साथ चलना, कितना मनोहर प्रतीत होता है।

नरेन्द्र मोदी के गुजरात का सीएम बनने के बाद और फिर देश के प्रधानमंत्री बनने के बाद वड़नगर का भाग्य भी बदल गया। माँ हीराबेन जब अपने परिवार के साथ वड़नगर में संघर्ष कर रही थी तब साधारण रोग ग्रसित मरीज़ को दिखाने के लिए भी वड़नगर में कोई अस्पताल नहीं था। ऐसे में माँ हीराबेन उन लोगों के लिए बहुत महत्वपूर्ण सहारा थी। उनके घरेलू उपचार से जटिल रोगों में भी मरीज़ को आराम मिल जाता था, तभी तो वड़नगर के लोग माँ हीराबेन को डॉक्टर बा कहकर पुकारते थे।

आज वड़नगर में लोगों की चिकित्सा के लिए सरकारी अस्पताल हैं और साथ ही आस-पास कई निजी अस्पताल भी हैं, लेकिन उस समय ऐसा कुछ नहीं था। यदि कोई बीमार पड़ता था तो उसे अहमदाबाद के पास गाँधीनगर जाना पड़ता था। उस समय गरीबों के लिए 5 लाख के निःशुल्क इलाज के लिए 'आयुष्मान भारत' योजना नहीं थी। ऐसे में माँ हीराबेन ने न जाने कितने दीन-दुखियों की मदद की होगी। स्वाभाविक है कि माँ के ऐसे आचरण का प्रभाव नरेन्द्र मोदी पर भी पड़ा होगा, जिन्होंने गुजरात का सीएम बनने के बाद महिलाओं, बच्चों और बुजुर्गों के लिए अनेक योजनाओं का निर्माण किया।

जब तक नरेन्द्र मोदी देश के प्रधानमंत्री नहीं बने तब तक ये योजनाएँ केवल गुजरात तक सीमित हुआ करती थीं। बाद में कुछ बदलाव के साथ पूरे देश में ऐसी योजनाएँ लागू की गईं। राज्य सभा में पूछे गए एक प्रश्न के उत्तर में भारतीय राजनीतिज्ञ

और वर्तमान में भारत के स्वास्थ्य मंत्री मनसुख लक्ष्मणभाई मंडाविया ने संसद को बताया, '10,000 से अधिक जन औषधि केन्द्रों से इस वित्त वर्ष में लोगों को 7,416 करोड़ रुपये की बचत हुई है और 9 वर्षों में इस योजना में 150 गुना वृद्धि देखी गई है।'

18

माँ ने दिया राजनीति का संदेश

जब कभी नरेन्द्र मोदी का हौसला बढ़ाने या हिम्मत देने की बात आई तो माँ हीराबेन ने न तो अपनी उम्र और न बीमारी देखी। माँ अपने एन.डी. के लिए जो भी बन पड़ता था वह करती ही थी।

माँ ने बेटे का हौसला हमेशा बढ़ाया। इसका पहला सार्वजनिक साथ हम तब देखते हैं, जब 30 जनवरी 1992 को नरेन्द्र मोदी अपनी एकता यात्रा समाप्त करके लौटे तो अगले दिन सभी एकता यात्रियों के सम्मान में अहमदाबाद में भव्य नागरिक अभिनंदन का आयोजन किया गया था। राजनैतिक तौर पर देखें तो एकता यात्रा नरेन्द्र मोदी के जीवन की बहुत महत्वपूर्ण घटना थी। मुरली मनोहर जोशी के नेतृत्व में युवा नरेन्द्र मोदी ने यह यात्रा कन्याकुमारी से श्रीनगर के लिए आरंभ की थी। यह कोई साधारण यात्रा नहीं थी। नरेन्द्र मोदी ने इस यात्रा का विचार तब किया, जब पंजाब और कश्मीर में आतंकवाद अपने चरम पर था। यह यात्रा एकता

और अवज्ञा का एक शक्तिशाली प्रतीक थी। 14 राज्यों से होकर गुजरने वाली इस यात्रा से पूरे देश और विशेषकर युवाओं में एक बड़ा संदेश गया कि यदि आप ठान लें और, निश्चय कर लें तो दुनिया में कुछ भी असंभव नहीं है। 26 जनवरी 1992 को श्रीनगर के लाल चौक पर केवल तिरंगा नहीं फहराया गया बल्कि देश के इतिहास और मूल्यों तथा राष्ट्रीय एकता की पताका फहराई गई। इसी अवसर पर माँ हीराबेन सार्वजनिक रूप से बेटे को तिलक लगाते हुए दिखाई दी।

यदि आप एक माँ से पूछेंगे तो वह महीनों से अपने बेटे का इंतज़ार कर रही थी। इस एकता यात्रा के दौरान नरेन्द्र मोदी को न जाने कितनी धमकियाँ मिली थीं, ऐसे में अपने बेटे को बिना देखे रह पाना एक माँ के लिए मुश्किल रहा होगा। फिलॉस्फर ओजी मैंडिनो कहते हैं, 'सफलता का कोई मन्त्र नहीं है और न ही इसके लिए कोई सूत्र तय किया गया है। जिस प्रकार हमारी उँगलियों के निशान और हमारी आँखों में झाँकने से बनने वाला अक्श अलग-अलग होता है। सफलता मुफ़्त में नहीं मिलती है।' नरेन्द्र मोदी को भी हर सफलता बहुत मेहनत और तपस्या करके मिली है, जिसके पीछे माँ हीराबेन का तप और त्याग शामिल है। वह बेटे के साथ दिखी तो केवल उस छोटे से घर में जहाँ पर पीएम नहीं होते थे। आज आपको न जाने कितनी ऐसी तस्वीरें देखने को मिलती होंगी कि प्रदेश में मंत्री का परिवार प्रोटोकॉल में चलता है। परिवार के आगे-पीछे गाड़ियाँ लगी होती हैं, मंत्री जी के सहायक और सुरक्षा अधिकारी हमेशा इस डर में रहते हैं कि मंत्री जी के परिवार का कोई व्यक्ति नाराज़ न हो जाए। लेकिन माँ हीराबेन ने बेटे नरेन्द्र मोदी से किसी तरह का प्रोटोकॉल या सुविधा न तब ली

जब वे इतने वर्षों तक गुजरात के सीएम रहे और न तब जब वे भारत के प्रधानमंत्री बनने पर ली। केवल एक बार बेटे के बहुत आग्रह करने पर दिल्ली आयी थी लेकिन उनका मन दिल्ली में नहीं लगा तो वापस गुजरात चली गई। एक कारण यह भी था कि उन्हें लगता था कि उनके कारण बेटे का कामकाज प्रभावित होता है। यह कोई साधारण बात नहीं थी। आज के समय में जब हर कोई पद और प्रतिष्ठा का सुविधा-भोगी हो गया है, ऐसे में माँ हीराबेन उस रोशनी की तरह है जो बन्द अंधेरे कमरे में एक छोटे से सुराख़ से आती है और पूरे कमरे को प्रकाशमान कर देती है।

यहाँ खलील जिब्रान की एक बात याद आ रही है, 'मेरा घर मुझसे कहता है, मुझे मत छोड़ो क्योंकि तेरा अतीत यहीं है और मेरा रास्ता मुझसे कहता है, मेरे पीछे-पीछे चला आ क्योंकि तेरा भविष्य मैं ही हूँ।' माँ हीराबेन के लिए उनका घर ही सब कुछ था, जहाँ वह तीन कमरों के फ़्लैट में अपनी मर्ज़ी से यहाँ-वहाँ विचरण कर सकती थी, अपनी गीता पढ़ सकती थी और अपनी कुर्सी पर बैठ घंटों माला जप सकती थी। उनके अपने घर में न तो कोई नौकर और न ही कोई बाई थी। अगर थोड़ी बहुत सहायता चाहिए होती तो छोटे बेटे पंकज की सहायता ले लेती थी। वह वहाँ संतुष्ट थी। उनकी सुबह भगवान भजन के लिए समर्पित थी और शाम को आस-पास के लोग आ जाते थे जिनसे बातें करके मन बहल जाता था।

सन 1992 के बाद माँ हीराबेन बेटे के साथ किसी सार्वजनिक मंच पर नज़र नहीं आई, यद्यपि मुख्यमंत्री बनने से पहले भी नरेन्द्र मोदी भाजपा के कई बड़े पदों को सुशोभित कर चुके थे।

जब 2001 में नरेन्द्र मोदी को मुख्यमंत्री बनाया गया तो उस समय राजनैतिक परिस्थिति एकदम भिन्न थी, मोदी के सामने गुजरात में चुनौतियाँ अपना मुँह खोले खड़ी थीं। ऐसे में मोदी ने मुख्यमंत्री पद की शपथ लेने से पहले माँ हीराबेन का आशीर्वाद लिया। माँ हीराबेन शायद नहीं जानती थी कि उनका बेटा किस पद पर आसीन हुआ है, वह तो केवल इस बात से खुश थी कि बेटा गुजरात वापस आ गया है। उस समय माँ ने मोदी से कहा था, 'मैं नहीं जानती कि तुम क्या करते हो, लेकिन मुझसे वादा करो कि तुम कभी रिश्वत नहीं लोगे। ऐसा पाप कभी मत करना।' पीएम मोदी ने बाद में इस बात का ज़िक्र कई बार कई मंचों पर किया।

इसके बाद 2002 में हीराबेन का यह बयान बहुत चर्चित रहा था, 'मेरा बेटा सबसे प्यार करता है।' एक कार्यक्रम में उन्होंने कहा था, 'एक बार नरेन्द्र को सड़क पर एक रुपए का सिक्का गिरा मिला था। मैंने उससे कहा कि इसे अपने जरूरत पर खर्च कर ले लेकिन उसने वह सिक्का हमारे गाँव के एक गरीब आदमी की बेटी को दे दिया, जिससे वह किताबें और पेंसिल ख़रीद सके। मुझे पता है कि वह सभी से प्यार करता है।' पीएम मोदी ने बाद में कई मौक़ों पर कहा कि उनके संस्कार उनकी माँ के मूल्यों को दर्शाते हैं। माँ हीराबेन फिर जब भी नरेन्द्र मोदी के साथ दिखी तो वहीं तीन कमरों वाले फ्लैट में जहाँ किसी प्रकार कि कोई सरकारी सुविधा नहीं थी, बस माँ और बेटे ही होते थे, जहाँ वह अपने सबसे छोटे बेटे के साथ रहा करती थी।

सन 2014 में जब मोदी ने अपने चौंसठवें जन्मदिन पर अपनी माँ का आशीर्वाद माँगा तो उन्होंने 5,001 रुपए देकर

मोदी को चौंका दिया। ऐसा पहले कभी नहीं हुआ था। बाद में नरेन्द्र मोदी ने बताया कि माँ ने उन्हें यह राशि जम्मू-कश्मीर बाढ़ राहत कोष के लिए दी थी।

फिर 2016 की नोटबंदी के समय माँ हीराबेन गाँधीनगर में साधारण जनता की भाँति बैंक की कतार में खड़ी दिखाई दी। ऐसा करके उन्होंने बेटे के निर्णय के प्रति अपना समर्थन दर्शाया। विपक्ष भले ही इस बात की आलोचना कर रहा था कि नरेन्द्र मोदी ने माँ को भी कतार में खड़ा करवा दिया किन्तु माँ को इन बातों से कहाँ फ़र्क़ पड़ने वाला था। काले धन और भ्रष्टाचार के विरुद्ध लड़ाई में तो माँ सड़क पर उतर आई। माँ ने घंटों कतार में लग कर अपनी बारी की प्रतीक्षा की और अपने बचाए कुछ पुराने नोट बदलवाए। जरा सोचिए, जब देशभर में लोग नोट जमा करने के लिए आसान तरीके और वीआईपी कल्चर अपना रहे थे, प्रधानमंत्री की माँ आम जनता की भाँति कतार में खड़ी थी। उन्हें बेटे के पीएम होने का जरा भी घमंड नहीं था।

निन्यानबे वर्ष की होने के बाद भी माँ हीराबेन मतदान केंद्र की लम्बी कतार में व्हील चेयर पर नज़र आई थी। माँ के साथ कोई सुरक्षाकर्मी नहीं था, जैसे सब लोग कतार में लगे थे वैसे ही माँ हीराबेन भी कतार में खड़ी थी। वह एक प्रधानमंत्री की माँ के रूप में नहीं बल्कि नरेन्द्र की माँ के रूप में आई। जैसे हर माँ चाहती है वह भी अपने बेटे को जीतते देखना चाहती थीं। वह बेटा जिसने पूरे विश्व को बताया कि हमारा लोकतंत्र इतना महान क्यों है। जब पूरी दुनिया कोविड से लड़ रही थी, लोगों को हर दिन मौत का डर सता रहा था और अलग-अलग देश जब वैक्सीन के निर्माण में लगे थे तब नरेन्द्र मोदी का भारत इसमें सफल हुआ। जब लोग डरकर वैक्सीन लगवाने से बच

रहे थे तब एक बार फिर माँ हीराबेन ने पहल करते हुए कतार में लगकर वैक्सीन लगवाने का काम किया। ऐसा करके उन्होंने सबके सामने एक उदाहरण प्रस्तुत किया और लाखों लोगों को प्रेरित किया। माँ हीराबेन ने पूरी दुनिया को यह संदेश दिया कि यह वैक्सीन ही है जिससे आपकी जान बच सकती है। माँ हीराबेन और बेटे नरेन्द्र का तालमेल कमाल का रहा—बेटे के मन की बात बिना बताए ही जान लेती थी माँ और बेटा भी बिना बताए ही माँ से मिलने चला आता था।

लोगों ने माँ-बेटे को तस्वीरों के ज़रिए ही देखा। जब भी नरेन्द्र मोदी अपनी माँ से मिलने के लिए आते थे, माँ हीराबेन अपने सबसे छोटे बेटे पंकज के साथ उस छोटे से घर में होती थी जहाँ एकांत था। जब माँ नरेन्द्र से मिलती थी तो लोगों में बड़ी उत्सुकता रहती कि आज माँ हीराबेन ने बेटे नरेन्द्र से क्या कहा। नरेन्द्र मोदी ही बताते थे कि माँ ने क्या कहा। माँ ने यह अधिकार भी केवल बेटे को ही दे रखा था। माँ हीराबेन के सौवें जन्मदिन पर माँ और बेटे के मिलने के क्रम को देखें तो मोदी ने सबके सामने बताया कि माँ ने कहा था, 'काम करो बुद्धि से, जीवन जियो शुद्धि से।'

मोदी अपने जीवन में सफलता की सीढ़ियाँ चढ़ते-चढ़ते राजनीति में सर्वोच्च पद तक जा पहुँचे लेकिन माँ हीराबेन बेटे के साथ दिखी तो केवल उस छोटे से घर में जहाँ पर उनका बेटा पीएम नहीं उनका नरेन्द्र होता, जिन्हें वह हाथ में शगुन के 11 रुपए देती, सर पर हाथ फेरती, मुँह मीठा कराती, अपने हाथ से खाना खिलाती और तौलिए से मुँह पोंछती। इसमें कोई दिखावा या बनावट नहीं थी, यह एक माँ का अपने बेटे के लिए अपार प्रेम था।

दुनिया के सबसे ताकतवर राजनेताओं में से एक नरेन्द्र मोदी से कोई पूछे कि माँ का उनके लिए क्या मोल था तो शायद उनके पास शब्द कम पड़ जाएँ। हर जन्मदिन पर माँ का आशीर्वाद लेने जाना, गुजरात दौरे पर माँ से जरूर मिलना, माँ के पाँव पखारना, माँ की आरती उतारना, किसी चुनाव के समय नामांकन से पहले और चुनाव परिणाम के तुरंत बाद माँ का आशीर्वाद लेना आदि दर्शाता है कि नरेन्द्र मोदी के लिए माँ कितना महत्व रखती थी।

आज नरेन्द्र मोदी महानता की ओर बढ़ रहे हैं और नए इतिहास का सृजन कर रहे हैं। यह सब देखने के लिए माँ नहीं है परन्तु इन सबके पीछे तो माँ ही हैं, जिन्होंने हमेशा नरेन्द्र को सिखाया-पढ़ाया और सही मार्ग दिखाया।

19
नरेन्द्र मोदी ने जब की माँ की चर्चा

कहते हैं कि केवल भगवान ही मनुष्य को नहीं गढ़ते बल्कि समर्पित मनुष्य भी भगवान को गढ़ते हैं। माँ तो भगवान का ही रूप होती है। प्रधानमंत्री पद पर कार्यरत नरेन्द्र मोदी ने किसी भी सार्वजनिक मंच पर परिवार के किसी अन्य सदस्य की चर्चा करते नजर नहीं आये लेकिन उनके हर संभाषण और चर्चाओं में कहीं न कहीं माँ का जिक्र, उनके उदाहरण और उनकी कहानियाँ अवश्य रही हैं। आपातकाल में लोगों की मदद भी की तो उनकी प्रेरणा माँ ही थी। आपातकाल में परेशान भी हुए तो मन से केवल एक ही शब्द निकला, "माँ!" जब माँ की चिंता सताई तो माँ को मिलने बुला लिया या स्वयं पहुँच गए। जीवन के हर पड़ाव पर किसी न किसी रूप में माँ नरेन्द्र के साथ ही थी।

अपनी युवावस्था में लिखी विभिन्न पहलुओं की कहानियों की पुस्तक 'प्रेमतीर्थ' में नरेन्द्र मोदी लिखते हैं, 'मातृशक्ति की निर्मल प्रेमधारा सरस्वती की तरह अविरल बह रही है।' माँ के जन्मदिन पर लिखे लेख में प्रधानमंत्री नरेन्द्र मोदी ने लिखा,

'मेरी माँ का मुझ पर अटूट विश्वास रहा है। उन्हें अपने दिए संस्कारों पर पूरा भरोसा रहा है। मुझे दशकों पुरानी एक घटना याद आ रही है। तब मैं संगठन में रहते हुए जनसेवा से जुड़ चुका था, घरवालों से सम्पर्क ना के बराबर ही रह गया था। उसी दौरान एक बार मेरे बड़े भाई माँ को बद्रीनाथ और केदारनाथ जी के दर्शन के लिए लेकर गए। बद्रीनाथ में जब माँ ने दर्शन किए तो केदारनाथ में लोगों को ख़बर लग गई कि मेरी माँ आ रही है। उसी समय मौसम अचानक बहुत ख़राब हो गया था। यह देखकर कुछ लोग जो अपने साथ कंबल भी ले गए थे, रास्ते में हर बुजुर्ग महिला से पूछते जा रहे थे कि क्या आप नरेन्द्र मोदी की माँ हैं। ऐसे ही पूछते हुए वे लोग माँ तक पहुँच गए। उन्होंने माँ को कंबल दिया, चाय पिलाई और फिर पूरे रास्ते माँ के साथ ही रहे। केदारनाथ पहुँचकर उन लोगों ने माँ के लिए अच्छी व्यवस्था की। इस घटना का माँ के मन पर बहुत गहरा प्रभाव पड़ा। तीर्थयात्रा से लौटकर जब माँ मुझसे मिली तो कहा, "कुछ तो अच्छा काम कर रहे हो तुम, लोग तुम्हें पहचानते हैं।" मोदी ने इसी लेख में लिखा है कि अक्षर ज्ञान के बिना भी कोई सचमुच में शिक्षित कैसे होता है ये मैंने अपनी माँ से सीखा। उनके सोचने का दृष्टिकोण और उनकी दूरगामी दृष्टि मुझे हर बार हैरान कर देती है।

नरेन्द्र मोदी को जब कोई विशेष उदाहरण देना होता है, तो उस केन्द्र में भी माँ ही होती है। युगंधरा प्रतिष्ठान रक्त शक्ति, जामनगर में 25 जनवरी 2004 को दिए गए सम्बोधन में मोदी कहते हैं, 'नारी शक्ति की अनुभूति करनी है तो एक दृश्य देखो। दुनिया के दो शक्तिशाली प्राणी बाघ और सिंह पर कौन बैठता है? यह कोई छोटी बात नहीं है। हमने कभी विचार नहीं किया।

यह नारी शक्ति ही बाघ और सिंह की सवारी करती है। नारी ही शक्ति का पुंज है।' मोदी आगे कहते हैं, 'दुनिया में जितने भी संप्रदाय और पंथ हैं, उनमें एक भी सम्प्रदाय या पंथ ने स्त्री को भगवान के रूप में स्वीकार नहीं किया है। उनका मत है कि भगवान तो केवल पुरुष ही होता है स्त्री नहीं। एकमात्र हिन्दुस्तान ऐसा है जहाँ स्त्री दुर्गा, सरस्वती या अम्बा और न जाने कितनी देवियाँ हैं जो भगवान की कल्पना करने में आई हैं। महिला शक्ति क्या है? महिला की शक्ति को कैसे नापना चाहिए? कोई महिला रसोई में गोल गेंद जैसी रोटी बनाती है और उसमें से निकलती भाप उसकी उंगली जला देती है। वह कई बार दरवाज़े पर जाकर देख आती है और पति को आते देखकर उंगली पर फूंक मारना शुरू कर देती है और मलाई या औषधि लगाती है। ऐसी आतुरता होती है कि मेरा पति देखे कि आज मेरी उंगली जल गई है और फूंक मारती बताती है। पति गुस्सा करता है कि कहाँ बहुत जली है, मुझे बहुत भूख लगी है तुम भोजन परोस दो। वही महिला जब बाज़ार में सब्ज़ियाँ लेने गई हो और समाचार मिले कि उसके मोहल्ले में आग लग गई है तो साग-सब्जी का थैला तुरन्त वहीं पटककर घर की ओर दौड़ लगा देती है। घर के पास पहुँच कर देखती है तो पता लगता है कि कोई पड़ोसी आग में मिट्टी डाल रहा है और कोई पानी फेंक रहा है। सब घर की आग बुझाने का प्रयत्न कर रहे हैं। वह आकर ज़ोर से चिल्लाती है—अरे! मेरा बच्चा तो अंदर ही रह गया। ये मुच्छड़ कहलाने वाले बाहर से ही मिट्टी डालते रहेंगे लेकिन एक भी माई का लाल जलते घर में प्रवेश करने की हिम्मत नहीं करता है। वह महिला एक क्षण भी विलंब किए बिना धधकती आग में अपने बच्चे को बचाने के लिए कूद

जाती है। जब तक अपने बच्चे को बाहर निकालकर नहीं ले आती तब तक शांत नहीं बैठती है। जो माँ रोटी की भाप के कारण 15 मिनट तक हाथ पर फूंक मारती रही हो, वही माँ असली शक्ति के रूप में आती है। आग से धधकते घर में कूदकर संतान को जीवित बचाने के लिए तैयार हो जाती है। यही नारी शक्ति है और यही माँ का वास्तविक रूप है।'

नरेन्द्र मोदी माँ को लेकर हमेशा भावुक रहे, माँ हमेशा ही उनकी प्रेरणा रही। प्रधानमंत्री बनने के बाद जब मोदी जी अमेरिका गए थे, उस दौरान फेसबुक के संस्थापक मार्क ज़ुकरबर्ग से माँ को लेकर बातचीत के दौरान उनकी आँखों से आँसू बह रहे थे। उन्हें माँ की परेशानी, परिवार के प्रति समर्पण, बेटे के लिए चिंता आदि सब याद आ रहा था।

माँ महान होती है, उसका कोई मोल नहीं होता है वह अनमोल है।

20

गुरू की सेवा तो की, लेकिन...

देश में लाखों माँओं और बुजुर्गों की सेवा करने वाले नरेन्द्र मोदी जब कभी भी अकेले अपने माता-पिता के बारे में सोचते होंगे तो उनको इस बात का दुख होता होगा कि अंत समय में वह अपने माता-पिता के पास नहीं रह पाए, इसे संयोग कहा जाएया या नियति कि उन्हें मौका ही नहीं मिला। ऐसे अनेक उदाहरण हैं कि नरेन्द्र मोदी ने संघ में काम करने वाले न जाने कितने लोगों के साथ महीनों अस्पताल में बिताए, न जाने कितने लोगों को अस्पताल में भर्ती करवाया, उनका बिल भरा और वर्षों तक भरते रहे।

कहते हैं आँखें खोलने से लेकर बंद होने तक मनुष्य का जीवन एक यात्रा ही तो है, काँटे-कुश, खाई-पर्वत आदि सब इसके मार्ग का निर्धारण करते हैं। मनुष्य कड़े संघर्ष में शक्ति का प्रदर्शन करता है। हमारे जीवन के युद्ध जैसे धारा के विरुद्ध लड़ने के घोषणापत्र हों। हम चुनौतियों के बाद जो हासिल करते हैं, वही जीत तृप्ति देती है। जो सहज ही मिल जाए उसमें

स्वाद नहीं आता है। अमरता कौन नहीं चाहता? एक मनुष्य ही है जिसे अपनी कृतित्व से अमरता पाने का बेड़ा उठाना पड़ता है। रामधारी सिंह दिनकर "उर्वशी" में लिखते हैं, 'मैं मनुष्य, कामना-वायु मेरे भीतर बहती है। कभी मंद गति से प्राणों में सिहरन पुलक जगाकर, कभी डालियों को मरोड़ झंझा की वरुण गति से।' वास्तव में, मनुष्य अपनी इच्छाओं की भीड़ में खो-सा जाता है। वह यह निश्चित नहीं कर पाता है कि उसकी कौन-सी इच्छा प्रबल और कौन-सी दुर्बल है। जैसे नाचते हुए चाक पर कुशल कारीगर मिट्टी के ढेले को जीवंत आकार में ढाल देता है और उसकी कला लालित्य का उदाहरण बन जाती है, उसी प्रकार परिस्थितियाँ भी मनुष्य की इच्छा की प्राथमिकता का निर्णय करती हैं। पूरा मनुष्य जीवन एक यात्रा ही तो है जो इस धरती पर आया है उसे जाना ही है। हिन्दू धर्मग्रंथों के अनुसार केवल सात अंशावतार ही ऐसे हैं जो अमर हैं। ये सात चिरंजीवी दिव्य शक्तियों से सम्पन्न हैं। ये हैं परशुराम, बलि, विभीषण, हनुमान, महर्षि वेदव्यास, कृपाचार्य और अश्वत्थामा। परन्तु धरती पर जन्म लेने वाले कुछ लोग भी अपने ज्ञान और काम से अमर हो गए।

संघ की सेवा करने के क्रम में नरेन्द्र मोदी भी दिन-रात पथिक की तरह लगे रहते थे। उन्होंने अपने गुरू की ऐसी सेवा की जो हर किसी के लिए आदर्श है। अपनी पहली पुस्तक लिखने के क्रम में मैं नरेन्द्र भाई के साथ संघ का काम करने वाले लोगों से मिला था और उन्होंने मुझे नरेन्द्र मोदी की गुरू सेवा का प्रसंग बताया। मोदी जी के गुरू लक्ष्मण राव ईनामदार एक महापुरुष थे। मोदी को तप, ज्ञान, कर्म और संघर्ष का पाठ पढ़ाने वाले वही थे। नरेन्द्र शाम को स्थानीय शाखा में जाने लगे

थे। शायद उस समय वे इसके सबसे छोटे सदस्य रहे होंगे। उस समय आर.एस.एस एक अनुशासित शक्ति के रूप में बढ़ रहा था। नरेन्द्र को बचपन से वाद-विवाद और वैचारिक बैठकों में भाग लेना पसंद था। लक्ष्मण राव इमानदार या 'वकील साहब' अपनी वकालत के लिए प्रसिद्ध थे। इनामदार ने छोटे नरेन्द्र को 'बाल स्वंयसेवक' के रूप में शामिल किया और उन्हें स्वयंसेवक होने के मायने सिखाने लगे।

सन 1967 में जब नरेन्द्र मोदी अपनी हिमालय की यात्रा से लौटकर आए तो परिवार के खुशी का ठिकाना नहीं था लेकिन नरेन्द्र थोड़ी देर के लिए ही रुके और एक बार फिर आर.एस.एस की शाखा चले गए, जहाँ पर वह अपने मूल मार्गदर्शक वकील साहब से सम्पर्क कर सकें। एंडी मैरिनो लिखते हैं, 'वह शख्स जो उन्हें एक बार फिर अपने संरक्षण में लेने के लिए तैयार थे, लेकिन इस बार लड़के के रूप में नहीं बल्कि बालिग पुरुष के रूप में। 1970 के दशक में एक बार फिर नरेन्द्र अपने गुरू के पास पहुँच गए। अब अपने कार्यों से नरेन्द्र ने वकील साहब को इतना प्रभावित किया कि वह उन्हें अपने वारिस के रूप में देखने लगे। यह प्रक्रिया 18 महीने चली। अंत में नरेन्द्र को आर.एस. एस में प्रचारक के आधिकारिक पद का पुरस्कार मिला। गुरू और शिष्य का बन्धन अटूट था जिसे दोनों लोगों ने जीवनभर निभाया।

यहाँ पर विवेकानंद की कही ये बात बहुत मायने रखती है, "महानता चुटकियों में हासिल नहीं होती है। छोटी शुरुआत करने से पीछे न हटें, महान कार्य उसके बाद होते हैं। साहसी बनें। दूसरों पर हावी होने की नहीं, उनकी सेवा करने की कोशिश करें। जीवन के प्रवाह में स्वार्थी होकर

अनियंत्रित ढंग से आगे बढ़ना अच्छे जहाजों को भी डुबो देता है।”

लक्ष्मण राव इनामदार एक ऐसे पौधे को लगा रहे थे, जिसकी छाया आने वाले वर्षों में हर किसी को मिलने वाली थी। उस छाया और उस फल का सेवन करने के लिए लक्ष्मण राव इनामदार नहीं हैं लेकिन सदैव नरेन्द्र मोदी के गुरू के रूप में अमर अवश्य हो गए। यहाँ पर यह लोक कहानी गुरू और शिष्य के रिश्ते की बानगी कहती है। भारत के सदूर दक्षिण में एक राजा अपने राज्य का हाल जानने के लिए भेष बदलकर शहर में घूमने निकला। उनका मानना था कि राजा के भेष में लोग उन्हें केवल सुन्दर चीजें ही दिखाते हैं। राजा हर दिन एक बूढ़े आदमी को देखता था। वह छोटे-छोटे पौधे लगाता, सामान्य फूल वाले मौसमी पौधे नहीं बल्कि फलदार और छायादार वृक्ष जो सैकड़ों वर्षों तक जीते हैं। हाँ, इन पेड़ों को बढ़ने में भी कई वर्ष लग जाते हैं। राजा उस बूढ़े व्यक्ति को देखकर हैरान होते थे और उसके काँपते हाथों को देखकर वह सोचते थे, ‘यह बूढ़ा इन फलदार और छायादार वृक्षों को क्यों लगा रहा है। वह तो न तो इन पेड़ों की छाया ले सकेगा और न फल खा पाएगा।’ अंततः एक दिन राजा उस बूढ़े व्यक्ति के पास गए और बोले, ‘मुझे दखल नही देना चाहिए परन्तु मैं एक सवाल पूछना चाहता हूँ। आप इन वृक्षों को परिपक्व होते हुए नहीं देख पाएँगे तो फिर इन पर इतनी मेहनत क्यों कर रहे हैं?’ उस बूढ़े व्यक्ति ने कहा, ‘यदि मेरे पूर्वजों ने बीज न बोए होते तो मैं मेरे बगीचे के उस पार लगे बड़े और फलदार वृक्ष कभी नहीं देख पाता। मेरे पूर्वज भी आगे आने वाली पीढ़ियों और पेड़ को देखने या पेड़ के नीचे खड़े होने वाले लोगों को नहीं

जानते थे, लेकिन फिर भी उदार बने रहे। उन्होंने उन वृक्षों के लिए कड़ी मेहनत की। ये पेड़ मुझे भी हिम्मत देते हैं। मैं भले ही इसकी सुन्दरता न देख पाऊँ, इसकी छाया न ले पाऊँ, इसके फल न खा पाऊँ, लेकिन आने वाली पीढ़ी को ये लाभ अवश्य मिलेंगे। मैं अपने पूर्वजों की सोच को ही आगे बढ़ा रहा हूँ।'

लक्ष्मण राव इनामदार के ऐसे ही लगाए हुए वृक्ष हैं नरेन्द्र मोदी। गुरू और शिष्य ने एक-दूसरे के पूरक बने रहे। अभी हाल ही में गोविंद गिरी जी महाराज के कार्यक्रम में शामिल होने के लिए मैं पुणे गया था। उस दौरान मैंने गोविंद गिरी जी से पूछा कि आप नरेन्द्र भाई के साथ कब से सम्पर्क में हैं। उन्होंने मुझे बताया कि जब वकील साहब बहुत बीमार थे तब नरेन्द्र मोदी लगातार पुणे में ही रहा करते थे और उनकी सेवा करते थे, उसी समय से मैं उन्हें जानता हूँ।

"सेतुबंध" में नरेन्द्र मोदी लिखते हैं, '1981 से 1985 तक का कालखंड उनके जीवन का अंतिम समय था। 2 मार्च 1981 को केशवराव देशमुख जी का निधन हुआ इन्हीं वर्ष में अरविंद भाई मनियार, बाबू भाई ओझा, वकील साहब के सबसे छोटे भाई का भी निधन हुआ। इसी वियोग में वकील साहब की माता जी का निधन हो गया। एक के बाद एक कठोर आघात वकील साहब के लिए असहनीय था। वकील साहब कैंसर के रोग से ग्रसित थे और दिन-प्रतिदिन उनकी स्थिति बिगड़ती जा रही थी। वकील साहब को उनकी इच्छा के अनुसार 25 जून 1985 को अस्पताल से मोतीबाग के संघ कार्यालय में लाया गया। वे केवल कुछ तरल पदार्थ ले सकते थे। वह कमजोर होते गए, दवा भी धीरे-धीरे बेअसर होने लगी। उनकी आवाज भी नहीं निकल रही थी। इसी दौरान सर संघचालक बाला

साहेब उनसे मिलने आए। दोनों मूक थे परन्तु दोनों की आँखों से आँसू टपक रहे थे। 14 की शाम को वकील साहब की तबीयत और बिगड़ गई, साँस और नाड़ी धीमी हो गई। जीवन यात्रा पूरी होने का समय आ गया था। रात 2.30 बजे उनकी आँखें बंद हो गईं। एक महात्मा इस दुनिया से चला गया लेकिन इन सबके बीच उस ज्योतिपुंज को छोड़ गया है जिसकी ज्योति से भारत प्रकाशित हो रहा है।' नरेन्द्र मोदी को अपने गुरू की सेवा करने का सौभाग्य मि ल सका।

पंकज मोदी ने पिता दामोदरदास मोदी के अंत समय से जुड़ी बात बताई, 'हमारे पिता जी को बोन मैरो कैंसर था। धीरे-धीरे उनकी तबियत बिगड़ रही थी। नरेन्द्र भाई उस समय कैलाश मानसरोवर की यात्रा पर थे। पिताजी के मुँह पर बस एक ही रट थी कि 'कुमार' को बुला दो। नरेन्द्र भाई को प्रेम से पिता जी कुमार कहकर पुकारते थे। मैंने पिता जी के बीमारी की खबर भारतीय जनता पार्टी के दफ़्तर में नोट करवा दी थी कि जैसे ही किसी समय पार्टी में नरेन्द्र भाई का फोन आए तो उन्हें इस बात की जानकारी दी जा सके। जब नरेन्द्र भाई कैलाश मानसरोवर की यात्रा से लौटे तो वह अपने साथ कैलाश मानसरोवर का पवित्र जल लेकर आए थे। नरेन्द्र भाई ने जैसे ही जल पिता जी के मुँह में डाला, कुछ ही क्षणों में पिताजी हम सब को छोड़कर चले गए।' पंकज ने भावुक होकर कहा, 'पूरा परिवार स्तब्ध था। ऐसा लग रहा था जैसे पिता जी नरेन्द्र भाई से मिलने के लिए ही रुके थे।'

मुझे याद है जब मैं अपनी पहली पुस्तक 'द रियल मोदी' लिख रहा था तो तथ्यों को जुटाने के क्रम में मेरी मुलाकात अहमदाबाद में रहने वाले संजय भाई शाह से हुई थी। उन्होंने

मुझे बताया कि उनके पिता रसिक भाई मगन भाई शाह और नरेन्द्र भाई बहुत अच्छे मित्र थे। नरेन्द्र मोदी जब अहमदाबाद के संघ कार्यालय में रहा करते थे तो वह सप्ताह में कम से कम एक बार मगन भाई के घर अवश्य जाया करते थे। संजय भाई ने बताया, 'जिस समय मेरे पिता जी की तबियत बहुत खराब हुई, नरेन्द्र भाई अमेरिका यात्रा पर गए हुए थे। यह 1992-1993 वर्ष की बात रही होगी। नरेन्द्र भाई ने मेरे पिता जी की बीमारी का पूरा विवरण अमेरिका मँगवाया और वहाँ पर विशेषज्ञों से चर्चा की। मेरे घर पर विशेषज्ञ डॉक्टरों का एक दल भेजा।' दूसरों के लिए इतना सेवाभाव रखने वाले नरेन्द्र मोदी अपने पिता की सेवा से वंचित रह गए।

नरेन्द्र मोदी माँ को लिखे लेख में अपने पिता जी के लिए लिखते हैं, 'पिताजी जब तक जीवित रहे, उन्होंने इस बात का ख्याल रखा कि वे किसी पर बोझ न बनें।' जब माँ बीमार अस्पताल में भर्ती हुई तो नरेन्द्र मोदी देश के लिए अपने कर्तव्य पथ पर निमग्न थे। नरेन्द्र मोदी कहते हैं, 'मातृभूमि को सर्वोपरि रखते हुए हमें मिलकर काम करना है। पूरी दुनिया भारत को देख रही है। इस भरोसे को बनाए रखने के लिए हर भारतीय को पूरी शक्ति लगा देनी है। हमें हर दिन, हर पल का उपयोग राष्ट्र निर्माण के लिए करना है। देश सेवा कार्यों में हमें रुकना नहीं है।'

माँ हीराबेन जब अस्पताल में भर्ती हुई तो वह ठीक थी। नरेन्द्र मोदी ने माँ को लिखे लेख में लिखा है, 'मेरी माँ किसी पर बोझ नहीं बनना चाहती थी। वह हमेशा कहती थी, "मैं मरते समय किसी की सेवा नहीं लेना चाहती, बस ऐसे ही चलते-फिरते चले जाने की इच्छा है।" माँ ने बिल्कुल वैसा ही किया, उन्होंने परिवार

के किसी भी सदस्य की सेवा नहीं ली।' संयोगवश जब माँ अस्पताल में भर्ती हुई तो माँ के साथ रहने वाले पंकज मोदी भी अहमदाबाद से बाहर थे। जीवनभर हर काम को करने से पहले विशेष तैयारी करके रखने वाली माँ ने अंत समय में भी जाने के लिए खास तैयारी कर ली थी। उन्होंने न तो किसी से कुछ कहा और न ही कोई इच्छा प्रकट की, बस चलते-चलते चली गई। माँ की यादों को मन में संजोए पीएम मोदी ने नंगे पाँव माँ की अर्थी को कंधा दिया। अंतिम यात्रा में शव-वाहन में माँ के पास ही बैठे रहे। अंतिम संस्कार से जुड़ा हर संस्कार पूरा किया। भाइयों के साथ मुखाग्नि देकर माँ को गोलोक रवाना किया। किन्तु अंतिम समय में माँ की सेवा न करने और पाँव के पास न रहने का दुःख कभी दूर तो नहीं हो सकता। पूरे देश और दुनिया को याद होगा कि कुछ दिनों पहले ही नरेन्द्र मोदी ने माँ के पैर धोकर पानी को अपने माथे पर तिलक की तरह लगाया था और माँ का आशीर्वाद लिया था। अंत समय में भारत माँ की सेवा के लिए अपने-आप को हर दिन समर्पित कर देने वाले नरेन्द्र माँ के पास नहीं जा पाए, ठीक उस सैनिक की भाँति जो भारत माँ की सेवा में अपने परिवार के हर सुख-दुःख में सम्मिलित नहीं हो पाता है।

नरेन्द्र मोदी के लिए माँ ने उन पथरीले रास्तों को साफ किया जिन पर चलने से ठोकर लग जाया करती थी, तपती दोपहरी में सूरज की परवाह न करके उनको ताप से बचाया था। अंधेरा हो या उजाला, माँ ने हमेशा बेटे के लिए वह सब किया जिससे बेटे को कष्ट न हो। देर से आने पर भी अपने लाडले का इंतजार किया। माँ ने अपना पूरा जीवन केवल बेटे के लिए ही जिया।

नास्ति मातृसमा छाया, नास्ति मातृसमा गतिः
नास्ति मातृसमं त्राण, नास्ति मातृसमा प्रिया।

माता के समान कोई छाया नहीं है, माता के समान कोई सहारा नहीं है, माता के समान कोई रक्षक नहीं है और माता के समान कोई प्रिय नहीं है। हीरा बा ने बेटे के रास्ते को आसान बनाने के लिए वह हर जतन किया जो बेटे के लिए कर सकती थी। हमेशा बेटे के हर उस माँग का समर्थन किया जो सही था। बेटे को महान बनाने के लिए माँ ने वह हर कष्ट सहे और देखे थे।

21
माँ के हाथ का जादू

हमारे जीवन में सबसे अधिक सुखमय और मूल्यवान क्षण वही होते हैं, जब माँ अपने हाथ से बेटे या बेटी को ख़ुद बनाकर भोजन खिला रही हो। थोड़ा बड़े होने पर भी हर बेटे-बेटी की इच्छा होती है कि वह माँ के हाथ का बना हुआ भोजन ग्रहण करे। बसंती बहन ने नरेन्द्र मोदी और हीराबेन के लगाव को लेकर एक बात बताई कि नरेन्द्र भाई अक्सर कई दिनों के लिए घर से बाहर रहा करते थे, जो कभी दस दिन तो कभी महीनों के लिए होता था। नरेन्द्र भाई जब भी घर वापस लौटकर आते थे तो उनके आते ही माँ का जो पहला शब्द बेटे के लेकर होता था, वह यह कि आप तो बहुत दुबले हो गए हो। बसंती बहन ने आगे बताया कि जब तक नरेन्द्र भाई घर पर रुकते थे तो माँ उनको हर दिन कुछ ऐसा खिला देना चाहती थी कि उनका बेटा एकदम स्वस्थ और तंदुरुस्त हो जाए। माँ हीराबेन को तो बचपन से ही बढ़िया भोजन/पकवान बनाने का प्रशिक्षण मिल रखा था।

माँ के हाथ का जादू

मैं आपको याद दिलाना चाहता हूँ कि हीराबेन के पिता हरगोविन्ददास दज्जीदास मोदी का विसनगर में एक छोटा-सा भोजनालय था। इसी से परिवार की रोज़ी-रोटी चला करती थी। हीरा बा को तो बचपन से ही बढ़िया भोजन बनाने का प्रशिक्षण माता और पिता दोनों से ही मिली होगी। आप यह बड़ी आसानी से समझ सकते हैं कि जब आपके सामने चुनौतियों का अम्बार लगा हो तो प्रतिभा ख़ुद ही बाहर आने लगती है। नमो ऐप के अनुसार, हीराबेन घर-परिवार के सदस्यों के लिए भिन्न-भिन्न प्रकार का बेहतरीन भोजन बनाती थी। माँ के हाथ में तो जादू समाया हुआ था... चूँकि मोदी परिवार बहुत अमीर नहीं होने के बावजूद भी घर में उपलब्ध चीजों को ही अपने अनुभव और समर्पण को प्रेम की चाशनी में पकाए तो उसके स्वाद का आनन्द कुछ और ही होता है। विवाह के बाद हीराबेन जब विसनगर से वड़नगर आ गई तो वहाँ पर भी यह क्रम जारी था। दामोदरदास मोदी का परिवार संयुक्त और बड़ा था, ऐसे में हीराबेन पर भोजन बनाने की बड़ी जिम्मेदारी में दूध का हर दिन इस्तेमाल किया

जाना लाज़मी था। हीरा बा दूध से दही और दही से हर रोज़ मक्खन निकालने का काम करती थी जिससे बढ़िया घी बनाया जाता था। जब मैं वड़नगर गया और कई लोगों से मिला तो हीराबेन के घर में बनने वाले भोजन और उसके स्वाद से मुझे भी दो-चार होने का मौका मिला। मैं अहमदाबाद में माँ हीराबेन से तो मिला ही... साथ ही बेटे पंकज से भी मिला था... इसके बाद मैं विस्तार नगर में बसंती बहन और उनकी बेटी से भी मिला। जब वड़नगर गया तो नरेन्द्र मोदी के कई पड़ोसियों से मिला, जिनका एक-दूसरे के घर आना-जाना और एक-दूसरे के घर कार्य प्रयोजन में भी जाते रहते थे। वैसे दामोदरदास मोदी के परिवार में भी हर रोज़ साधारण भोजन ही बनता रहता था। कभी रोटी (बाजरे का रोटला) बनता और जब कभी मेहमान आ जाए तो चावल के साथ सब्जी और दाल भी बन जाती थी जिसमें माँ हीराबेन तड़का भी लगा देती थी जो परिवार के सभी सदस्यों को बहुत भाता था। नरेन्द्र मोदी के बचपन के एक मित्र ईश्वर भाई पटेल से जब मैं मिला तो उन्होंने हीरा बा के हाथ से बनने वाले पकवान का किस्सा सुनाया। ईश्वर भाई ने मुझे बताया कि जब हम लोग छोटे थे तो एक-दूसरे के घर आते-जाते थे तब हीराबेन के हाथ की बनी पकौड़ी खाने को मिलती थी, जिसका स्वाद आज भी मुझे याद है।

बसंती बहन ने बताया कि जब कोई त्योहार आता था तो तब ही कुछ खास पकवान बनाए जाते थे। बसंती बहन के अनुसार, त्योहार के दिन माँ शीरा और गुड़ से बनी खीर ज़रूर बनाती थी, साथ ही सब्जी और दाल की पूड़ी भी माँ बना दिया करती थी। नरेन्द्र मोदी को खिचड़ी बनाना और खिलाना दोनों बहुत पसंद है... बसंती बहन ने बताया कि नरेन्द्र भाई हमेशा कुछ-न-कुछ नया प्रयोग किया करते थे... माँ तो अलग-अलग तरह की खिचड़ी

बनाना जानती थी... चावल की खिचड़ी तो कभी-कभार ही हमारे यहाँ बनती थी लेकिन माँ जैसी खिचड़ी तो कोई नहीं बना सकता... माँ बाजरे की खिचड़ी भी उतनी ही अच्छी बनाती थी।

मैंने ऑस्ट्रेलिया में अब्बास से बात की, जो कभी मोदी परिवार के साथ वड़नगर में ही रहकर पढ़ाई किया करते थे। अब्बास ने मुझे बताया कि हीराबेन हमारे हर त्योहार पर मेरे लिए अलग से भोजन बनाया करती थी। हीराबेन के हाथ की बनी हुई सेंवई बहुत शानदार होती थी, जिसका स्वाद आज भी मेरी ज़बान पर है। अब्बास भाई ने यह भी बताया कि जब मैं हज की यात्रा पर जा रहा था तब मैं माँ हीराबेन से मिलने के लिए गया था तो उन्होंने मुझे हज यात्रा के लिए पैसे भी दिए और अपने हाथ से बनाये हुए कुछ पकवान भी दिए, जिसे मैं रास्ते में खा सकूँ। नरेन्द्र मोदी के बचपन में माँ ने बेटे को ज़रूर खिलाया होगा... ऐसा मुझे बसंती बहन ने बताया कि नरेन्द्र भाई जब घर छोड़कर जाना चाह रहे थे तब भी माँ ने भाई को शीरा बनाकर खिलाया। बहुत दिनों तक बाहर रहने के बाद जब नरेन्द्र भाई घर लौटकर आए तब भी माँ ने भाई के लिए शीरा बनाने के लिए कहा यानि माँ के हाथ का शीरा नरेन्द्र भाई को बहुत पसंद रहा होगा।

जब पंकज ने माँ के सामने ही आपातकाल को लेकर नरेन्द्र भाई से मिलने की कहानी बता रहे थे तो मैंने पंकज से पूछा था कि माँ नरेन्द्र मोदी के लिए क्या बनाती थी। वह यह बताना नहीं भूले कि माँ जब नरेन्द्र भाई से मिलने के लिए अहमदाबाद आ रही थी तो उनको लग रहा था कि वे बेटे के लिए क्या लेकर जाए। तब भी वह बेटे के लिए घर से शीरा बनाकर ले गई थी। कोई कुछ भी कहे माँ के हाथ से बने भोजन का स्वाद दुनिया का कोई भी रसोइया नहीं दे सकता।

आज हीरा बा इस दुनिया में नहीं है लेकिन जब कभी नरेन्द्र मोदी उन्हें याद करते होंगे तो उनके हाथ से बने भोजन को भी ज़रूर याद करते होंगे। माँ के त्याग और समर्पण, माँ-बेटे के प्रेम और खाने पर माँ का बेटे के लिए इंतजार को याद करते होंगे... मुँह पर लगे भोजन को माँ जब रुमाल से साफ़ कर देती थी, उसको याद करते होंगे। माँ तो नहीं किन्तु माँ के हाथ से बने भोजन की तासीर हमेशा नरेन्द्र को माँ की याद दिलाती रहेगी।

उपसंहार

मानव जीवन छोटा है, जिसमें सुख अनिश्चित है। राजा से लेकर साधारण मनुष्य तक सबकी मृत्यु होती है। अपने अज्ञान को जानना ही सच्चा ज्ञान है। धन की अपेक्षा संतोष श्रेष्ठ है। डॉ. सर्वपल्ली राधाकृष्णन ने कहा है, 'एक साधारण नागरिक अपने जीवनभर की सारी कमाई गंगा-स्नान या पुरी में देवदर्शन के लिए व्यय कर देता है, उसे इस बात का दृढ़ विश्वास होता है कि मानव जीवन में केवल रोटी ही सब कुछ नहीं है। इस देश की प्रत्येक माँ अपने बच्चे को शिक्षा देते हुए कहती है कि उसे ईश्वर से प्रेम करना चाहिए, पाप से दूर रहना चाहिए, जो लोग कष्ट से पीड़ित हों उनके साथ सुहानुभूति रखनी चाहिए और उनकी सहायता करनी चाहिए। ईश्वर का दर्शन करने के लिए हृदय पवित्र होना चाहिए। सत्य के ज्ञान के लिए पांडित्य आवश्यक नहीं, उसके लिए तो बालक जैसा हृदय होना चाहिए। जब मनुष्य अपने लक्ष्य तक पहुँचता है तो आत्मा प्रकाशित होती है, जिससे जीवन जगमगा उठता है। मनुष्य के अन्दर नैतिक चरित्र और महान शक्ति आ जाती है, जिससे जीवन सफल हो जाता है।

माँ हीराबेन अब इस दुनिया में नहीं है किन्तु उनका जीवन भी कुछ ऐसा ही था। उन्होंने जीवन में होने वाली हर घटना से कुछ-न-कुछ सीखा। जन्म के तुरंत बाद उनकी माँ का चल बसना, बचपन में खेल-कूद की उम्र में इतने भाई-बहनों की जिम्मेदारी सम्भालना, स्कूल छूट जाना आदि यह सब आसान नहीं रहा होगा। बचपन में माँ का न होना किसी के भी जीवन की कितनी दुखद विडम्बना होती है क्योंकि वह माँ ही तो होती है, जो जीवन में अच्छे-बुरे का बोध कराती है और बताती है कि क्या करना चाहिए और क्या नहीं। माँ हीराबेन के मन में उस दौरान कितना कुछ चला होगा। उस बालरूप मन में भी उड़ने के न जाने कितने सपने रहे होंगे लेकिन जिम्मेदारियों से घिरी उस बच्ची ने इन सब को पीछे छोड़ दिया। दमोदरदास मोदी के साथ विवाह के बाद वड़नगर में आगमन एक नई दुनिया में प्रवेश था। माँ हीराबेन ने हर दिन की कठिनाईयों से लड़कर और पथरीली राहों पर चलकर सब कुछ संघर्ष से ही सीखा था। दमोदरदास मोदी के घर आने के बाद भी जीवन सरल नहीं था लेकिन जीवन में निर्णय लेने की स्वतन्त्रता अवश्य थी। माँ हीराबेन के लिए निर्णय लेने और आगे बढ़ने के रास्ते खुल गए। दामोदरदास मोदी का परिवार संयुक्त था लेकिन हर किसी को अपनी बात कहने की आज़ादी थी। घर की गाड़ी चलाने के लिए पति-पत्नी दोनों संयुक्त रूप मेहनत करते थे। माँ हीराबेन स्कूली शिक्षा के लिए कभी किसी स्कूल या कॉलेज नहीं गई परन्तु उनको जीवन के संस्कार और लक्ष्य पता थे। कहते हैं "रोजमर्रा की कठिनाई जीवन में शब्दों को गढ़ती है।"

माँ हीराबेन ने बच्चों को भी हमेशा सीखने के लिए आस-पास की प्रकृति से जुड़ने के लिए प्रेरित किया, जैसे नरेन्द्र मोदी

को घंटों तालाब में तैरने जाने देना और बचपन में ही गाय की सेवा करना सिखाना। मोदी परिवार गरीब ज़रूर था लेकिन कभी उन्होंने सम्मान के साथ समझौता नहीं किया और इन सब में माँ हीराबेन के योगदान को कभी भुलाया नहीं जा सकता। नरेन्द्र को तपस्या के लिए जाने देना माँ की सबसे बड़ी परीक्षा थी, लेकिन फिर भी उन्हें धूमधाम से विदा करना माँ के महान त्याग और समर्पण को दर्शाता है।

माँ हीराबेन सीमाओं से आगे बढ़कर अपने परिवार के लिए जीने की नई अभिव्यक्ति बनी। मोदी परिवार का राजनीति से दूर-दूर तक कोई लेना-देना नहीं था। बचपन से ही नरेन्द्र का लोगों की सेवा के लिए तत्पर रहना, देश को लेकर की जाने वाली बातों को सुनने के लिए हमेशा चौकन्ना रहना, स्कूल की गिरी दीवार को चन्दे के पैसों से बनवा देना, सैनिकों को ट्रेन में चाय पिलाना; यह सब इतनी कम उम्र में बड़ा असाधारण और असामान्य लगता है। मोदी में इन संस्कारों का बीज उनकी माँ ने ही तो बोया था। जैसे-जैसे मोदी बड़े हुए माँ हीराबेन से दूर होते गए लेकिन माँ हीराबेन की दी गई सत्यता और लोगों की सहायता करने की सीख सदैव मोदी के साथ रही।

परिस्थिति चाहे जैसी भी रही हों, माँ ने अपने परिवार के लिए सबसे उत्तम निर्णय लिया। माँ हीराबेन ने मोदी को राजनीति में सच्चाई और संघर्ष की राह पर चलना सिखाया। जब भी नरेन्द्र मोदी राजनीति में कठिन पलों से गुजर रहे होते होंगे तो माँ की सिखाई बातें उन्हें रास्ता दिखाती और ऊर्जा प्रदान करती हैं।

आज देश और दुनिया में माँ हीराबेन करोड़ों माँओ की प्रेरणा है।